SVANTE DOMIZLAFF FOTOS RETO KLAR

LÄNDLICHE LEBENSART

Einladung in die Herrenhäuser, Landgüter und Schlösser von Hamburgern und Holsteinern

CONVENT VERLAG

INHALT

INSELN IM STROM DER ZEIT

HOME IS ANYWHERE IT'S WARM. HOME IS WHERE YOU ARE. *SHAKESPEARE*

Der Traum vom Leben auf dem Land – wo lässt er sich schöner träumen als auf einem Gutshof? Im Einklang mit einer von Menschenhand geordneten Natur Werden und Vergehen im Rhythmus der Jahreszeiten zu erfahren. Sich im wärmenden Schutz der Familie geborgen fühlen, umgeben von friedlichen Feldern und blühenden Gärten, von den schönen Dingen, den ererbten und den erarbeiteten. Traditionen und Werten zu folgen, die widerstandsfähig gegen den Zeitgeist sind. Aber auch das: Zu wissen, wo man zu Hause ist, Heimat zu spüren. In Deutschland haben nur wenige Inseln der alten Gutsherrlichkeit überdauert. Krieg und Vertreibung, fortschreitende Industrialisierung und das Wachstum der Städte schränkten den ländlichen Lebensraum ein. Hinzu kommt Unverständnis dafür, wie die Dinge auf dem Land gewachsen sind. Denn zwischen süßlicher Verklärung durch die Medienmärchenwelt und politisch geschürtem Klassenhass ist es für den Beobachter aus der Stadt immer schwerer geworden, den richtigen Blick für diese Welt zu finden.

Eine dieser Welten liegt in Schleswig-Holstein. Es ist eine Landschaft, die sich unterteilt in die Regionen Angeln, Ostholstein, Südholstein, Storman und Lauenburg. Sie zieht sich von der Flensburger Förde im Norden hin bis an die Stadtgrenze Hamburgs. Seit dem Fall der Mauer gehören auch wieder Teile Mecklenburgs dazu. Manche der 1945 vertriebenen Familien ist auf das Stammgut ihrer mecklenburgische Heimat zurückgekehrt. Fast 2500 Güter gab es dort einmal.

Während Schleswig-Holsteins raue Nordseeküste von einem auf Unabhängigkeit bestehenden, starken Bauerntum beherrscht wurde, gehörte das Land an der Ostsee traditionell dem Adel. Der wesentliche Teil unterstand der dänischen Krone. Der Osten ist klimatisch milder, geprägt von sanften Hügeln, von Laubwäldern und Binnenseen. Knickumsäumte Felder ziehen sich bis zum Steilufer am Meer. Geologisch gesehen ist es eine Endmoränenlandschaft, die Hinterlassenschaft der letzten Eiszeit. Erst östlich der Trave laufen die Hügel in der Ebene Mecklenburgs aus.

Der Osten ist eine Region, die sich den Traum vom Landleben bewahrt hat. Jede Jahreszeit bietet Überraschungen: von der frühsommerlichen Farborgie der Rapsblüte über das Krähengeschrei auf herbstlichen Sturzackern bis zum Winter, wenn die Saisongäste abgereist sind und für die Leute auf dem Land die wichtigste Saison beginnt, die Jagdsaison.

Im Westen Schleswig-Holsteins stehen Bauernhöfe. Im Osten stehen Herrenhäuser, repräsentative Gebäude, die unserer Vor-

stellung von Burgen und Schlössern schon sehr nahe kommen und die – fälschlich – auch manchmal so genannt werden. Herrenhäuser sind jedoch nicht Zentren einer weltlichen Macht, keine Fürsten- oder Königssitze, sondern lediglich der Mittelpunkt eines landwirtschaftlichen Betriebes, sozusagen herrschaftliche Bauernhäuser. Die Gründer, gleich ob adeliger oder bürgerlicher Herkunft, gaben in der oft imposanten Architektur der Häuser ihrem persönlichen Wohlstand und ihrem verfeinerten Geschmack Ausdruck. Die bedeutendsten Herrensitze entstanden im 18. und 19. Jahrhundert. Aber damit endete die Entwicklung nicht. In jeder Epoche wurde Neues geschaffen, bis in unsere Tage.

Herrenhäuser zu bauen und zu pflegen ist teuer. Nicht jeder hatte Glück mit seiner Landwirtschaft oder seinen Investitionen. Die ursprünglich für ganz andere Bedürfnisse gebauten riesigen Häuser sind heute selbst für gut gehende Betriebe ein arger Klotz am Bein. Da erweist sich die Nähe zur Großstadt als ein Segen, denn auch vor 150 Jahren träumten schon Hamburger Kaufleute, Bankiers und Reeder vom repräsentativen Leben in beschaulicher Natur – und von einem Adelstitel dazu. Beides gab es in Holstein und Mecklenburg immer reichlich. Die Folge war ein reger Austausch von Geld und Genen. Tatsächlich gibt es heute kaum noch einen Herrensitz, dessen Schicksal, zum wechselseitigen Nutzen, nicht auf die eine oder andere Weise mit Hamburg verbunden worden wäre.

In einer Zeit, die dazu neigt, nur die Blüten des Landlebens zu sehen und nicht seine Dornen, reicht die Landwirtschaft allein nicht mehr aus, um das Ererbte für die nächste Generation zu bewahren. Dem Zwang folgend haben sich viele der so lange versteckt und verschlossen liegenden Herrenhäuser geöffnet. Ihre Besitzer stellen Konzert- und Ausstellungsräume im »Schloss« oder in ehemaligen Landwirtschaftsgebäuden zur Verfügung, sie eröffnen Restaurants und Cafés, sie vermieten ihre Räume für Familienfeiern und Übernachtungen, sie organisieren Country Fairs, bieten weihnachtliches Tannenbaumschlagen, sommerliches Kirschpflücken oder landwirtschaftliche Produkte zu kaufen an. Hinzu kommen Pferdezucht und Reiterei, Golfanlagen, die Jagd. Die Träume eines Menschen aus der Stadt sind leicht zu bedienen.

Und dennoch: Gutshöfe sind Inseln im Strom der Zeit geblieben. Wer in diesen Häusern zu Gast ist, wird keine überhebliche Gutsherrenmentalität spüren, allenfalls ein wenig innere Distanz. Er wird eintauchen in eine Welt, die nicht sorgenfreier ist als die, die wir kennen. Aber es ist eine Welt, die leichter zu begreifen ist, Standfestigkeit und Geborgenheit ausstrahlend, der Natur näher – dichter am Leben.

Sommer in Mittelholstein – Landschaft bei Bornhöved.

Blick von Gut Neudorf über den Hohwachter Binnensee.

Auf dem Weg nach Bellin: mecklenburgische Allee

Gut Treuholz

HANS AUREL UND GISELA HAGEN HABEN IHRE RUHE GEFUNDEN

Noch vor wenigen Jahren war Treuholz bei Bad Oldesloe Mittelpunkt eines geschäftigen Gutsbetriebes. Vom Wachsen der Großstadt Hamburg verdrängt, haben die Hagens für die nächste Generation neue Flächen im Osten gekauft – und die Landwirtschaft auf dem Stammsitz aufgegeben. Von allen beruflichen Verpflichtungen befreit, genießen sie eine sorglose Zeit, in deren Mittelpunkt immer noch die Pferde stehen.

Vorhergehende Seite: Salon im 1. Stock von Treuholz.

Rechts: Hans Aurel und Gisela Hagen mit Haushund Resi vor ihrem Stammsitz.

Unten: Ein schmiedeeisernes Tor, hinter dem ein Weg durch alten Baumbestand zum Gutshaus führt.

Das Land ist hier flach und grün, der Boden schwer und fruchtbar – und teuer. Östlich von Bad Oldesloe, nicht weit von der Autobahn entfernt, liegt das Dorf Rethwisch. In respektablem Abstand zu den roten Backsteinhäusern der Ansiedlung leuchtet das Weiß des Herrenhauses Treuholz aus dem Grün hervor. Weiß gestrichene Gatter umgeben das weitläufige Areal, rund ums Haus ein Park mit mächtigen Bäumen, kurz geschorenem Rasen, einem Teich, liebevoll angelegten Beeten mit Frühlingsblumen, Gipsfiguren, praktischen Gartenmöbeln aus dem Baumarkt.

»Ich bin noch in Puschen!«, ruft Hausherr Hans Aurel Hagen dem Gast entschuldigend zu, dann steht er lächelnd im Portal: ein freundlicher Herr im dunklen Janker, weiße

Haare, frische rote Wangen, voll des warmherzigen Charmes eines Mannes, der mit sich und der Welt im Reinen ist.

Treuholz ist ganz offensichtlich ein glückliches Haus, es spiegelt das Landleben in seiner sorglosen Form wider. Das muss auch der Regisseur Gero Ehrhardt gespürt haben, als er Familie Hagen überreden konnte, Treuholz drei Sommer lang als Kulisse für weitere Folgen des Fünfziger-Jahre-Fernsehklassikers »Neues vom Immenhof« zu überlassen, einem Film, der, einst auf Gut Rothensande in Ostholstein gedreht, wie kaum ein anderer die Vorstellung der Deutschen vom finanziell schwierigen, aber glücklichen Nachkriegsleben auf dem Lande geprägt hat. Hagen stellt jedoch klar: »Das haben wir nicht nur gemacht, weil Herr Ehrhardt ein so netter Mann ist, sondern weil es Geld bringt.«

In gewisser Weise ist Treuholz heute tatsächlich nur noch Kulisse. Das Herrenhaus, die abseits liegenden landwirtschaftlichen Gebäude, Stallungen, Trockenhalle, Landarbeiterhaus und der Hof sehen ebenso gepflegt wie verwaist aus. Hagen: »Bis zum letzten Jahr haben wir noch 750 Hektar Land bearbeitet, hauptsächlich Raps, Weizen, Gerste geerntet. 600 Hektar davon waren zugepachtet. Doch die Nähe zu Hamburg hat die Pachtpreise in die Höhe getrieben. Land ist knapp und teuer hier, die Nachbarn tüchtig, es gibt daher kaum Entwicklungschancen. So haben wir uns entschlossen, die Pachtverträge aufzulösen und uns im Osten nach neuem Land umzusehen.«

Am Stadtrand von Stralsund in Mecklenburg-Vorpommern kauften die Hagens eine ehemalige LPG mit viel Ackerland, die von dem ältesten Sohn, dem Agrarfachmann Aurel-Heinrich bewirtschaftet wird. »Dort haben wir jetzt einen Betrieb, wie er unter EU-Bedingungen gut möglich ist«, so Hagen zufrieden.

Die Sorge der Landwirte in Holstein weiß Hagen aus eigener Erfahrung schnell zu benennen: »Wir sind natürlich abhängig von Subventionen, die nicht immer sicher sind. Außerdem erscheinen uns viele Auflagen nicht fachkompetent. So kommt es zu Wettbewerbsverzerrungen gegen-

Die Kinder sind längst aus dem Haus: An die Familie erinnern viele liebevoll gerahmte Fotos auf dem Schreibtisch.

über unseren europäischen Nachbarn. Manchmal denke ich, die Politiker halten uns Bauern für dumm. Dabei haben die Landwirte heute alle eine hervorragende Ausbildung, und unser Land ist unser Kapital, das werden wir doch nicht schlecht behandeln.« Etwas nachdenklich fügt er hinzu: »Ich liebe Treuholz, obwohl wir hier erst in zweiter Generation leben. Unsere Nachbarn sitzen schon seit 500 Jahren auf ihrem Land. Aber es ist ja nichts, wenn wir uns hier an den Boden klammern, wenn es keinen Erfolg geben kann.«

So ist Treuholz, um die Jahrhundertwende von dem Bremer Ölkaufmann Albrecht als Sommerhaus gebaut und erst seit 70 Jahren im Besitz der Hagens, nun zum Ruhesitz für die Eltern geworden. Sie wollen hier nicht mehr weg. Im Osten hingegen keimt neues Leben.

Mit der Ostwanderung sind die Hagens in der Vergangenheit übrigens nicht schlecht gefahren. Der Großvater besaß ursprünglich in der Gegend des heutigen Hamburger Stadtparks einen kleinen bäuerlichen Betrieb. Mit der Fruchtfolge »Roggen–Kartoffel–Bauplatz« war er so erfolgreich, dass er fünf Höfe im Hamburger Umland aufkaufen konnte, darunter Treuholz, wo Hans Aurel Hagen 1929 geboren wurde. Welcher Städter kann schon von sich sagen, dass er heute noch in dem Haus lebt, in dem er einst geboren wurde?

Für die Gastlichkeit auf Treuholz ist Ehefrau Gisela Hagen, geb. Hanssen, gebürtig aus der Baron-Voght-Straße in Klein Flottbek, zuständig. Eine Zugereiste aus der Stadt also, Kaufmannstochter, temperamentvoll, attraktiv, umweht von einem Hauch »First«-Parfum und von umwerfender Offenherzigkeit. Das Innere ihres mehrfach nach Bränden oder aus Gründen der Zweckmäßigkeit umgebauten Hauses entspricht sicher nicht dem glatten Geschmack von Country-Magazinen. Holztäfelung und Backstein, historische Stiche vom Leben auf dem Land und in der Stadt an der Wand, natürlich der Alte Fritz, Pferdeporträts, das Wohnzimmer im Biedermeier-Stil eingerichtet – eine Hinterlassenschaft der Film-Crew –, überall persönliche Erinnerungsstücke, ein Sammelsurium unterschiedlicher Stile und Stilbrüche, kurz, ein Haus zum Leben und Wohlfühlen.

Nun, wo die Kinder aus dem Haus sind, ist es ruhiger geworden. Der jüngere Sohn Jan Friedrich lebt als Banker in Berlin, die bildschöne Tochter Lilly Anne hat einen Immobilienmakler in Blankenese geheiratet. Die lustigen Erntehelfer, Studenten aus Österreich, kommen auch nicht mehr. An sie erinnert nur noch die Schäferhundmischung »Resi«, die sie zurückließen, jetzt Haus- und Hofhund. Arbeit gibt es für die Hausherrin aber dennoch genug. Personal? »Ich und ich und ich«, sagt sie, »und eine Putzfrau und noch ein Mann für den Hof.«

Die Umstellung vom Stadt- zum Landleben war für die Kaufmannstochter Gisela Hagen aus dem noblen Ham-

Wohnzimmer mit Blick zum Garten im Parterre. Rustikale Holzmöbel sorgen für ein bäuerliches Ambiente, der Kronleuchter sorgt für Glanz.

Blick über den Esszimmertisch durch den Erker nach Westen auf die Wirtschaftsgebäude. Auch hier fehlt der Kronleuchter nicht.

Ein Stall, wie ihn sich nicht nur Pferde wünschen: licht und luftig und hübsch gemusterte Keramikkacheln für das Auge. Die Plaketten an der Pferdebox stehen für Zucht- und Turniererfolge. Als Reitsportfunktionär seiner Heimatregion Storman hat Hans Aurel Hagen Vorbildfunktion.

burger Vorort zunächst nicht leicht: »Ich habe mir als erstes Gummistiefel gekauft«, erzählt sie. »Dann habe ich durch die Fenster über das Land gesehen und gedacht, mein Gott, wie soll man sich hier eigentlich orientieren? Ist ja alles grün! Da bekam ich Heimweh.« Doch das legte sich schnell. Sie krempelte die Ärmel hoch und packte an. »Einmal hieß es: Die Jungsau ferkelt, Frau Hagen kommen sie schnell helfen, Sie haben so kleine Hände! Ich dachte erst, die nehmen mich auf den Arm. Aber man muss doch was tun!« An solche Arbeit hat sich die Dame aus der Stadt längst gewöhnt.

Heute weiß sie: »Es gibt Regeln, wenn man auf dem Land aufgenommen werden will. Man ist nicht mehr anonym und trägt Verantwortung. Geburtstag, Tod, Krankheit im Dorf, da muss ich mich rühren. Die Übernahme von Ehrenämtern ist selbstverständlich. Ich engagiere mich zum Beispiel sehr in der Diakonie.«

Leben und Tod, Freude und Trauer, sie sind auf dem Land noch natürlicher Bestandteil des Lebens. Hilfe für den Nächsten gehört dazu.

Für Hans Aurel und Gisela Hagen ist jetzt Zeit, sich ein wenig mehr um ihre Hobbys zu kümmern. Bei ihr gehört die Gartenarbeit dazu, »bis der Rücken wehtut«, bei ihm ist es die Pferdezucht. Hagens Pferde wurden schon in die USA und nach England verkauft, der berühmte Dressurblutvererber »Donnerhall« vom nahe gelegenen Grönwohldhof ist der Vater vieler seiner Zuchterfolge. »Pferdezucht ist ein Hobby, das sich bezahlt macht«, sagt der ehrenamtliche Vorsitzende des Reiterverbandes Storman und damit Chef von 37 Vereinen. Storman, das ist auch Reiterland: Allein 150 Pensionsställe und 130 Reithallen liegen zwischen Hamburg und Lübeck.

Aber nur zwei Pferde stehen heute noch im Stall von Treuholz, darunter die Hannoveraner Stute »Kia«. Wenn es ums fohlen geht, ist sie ein Problemfall. Die Hilfe eines Tierarztes brauchen die Hagens aber nicht, nur Geduld, bis es so weit ist, denn notfalls können sie selber kräftig mit anpacken.

Hans Aurel Hagens größtes Vergnügen wird auch in Zukunft ein Ritt über sein grünes Heimatland sein, Nachbarn zu besuchen und mit ihnen vom Sattel aus zu klönen. Nicht nach Gutsherrenart, aber durchaus in der selbstbewussten Tradition einer Region, die dem Pferd so viel zu verdanken hat.

Die Hagens von Treuholz sind der beste Beweis dafür, dass auf dem Land nicht nur glückliche Kühe und Pferde, sondern auch glückliche Menschen leben.

Rund um Treuholz

Der Hof Treuholz lässt sich bis ins Jahr 1768 zurückverfolgen. Als Besitzer ist der Müller Daniel Friedrich Eckert eingetragen, mit einem Wohnhaus, einer Scheune und einem Backhaus. Dazu gehörten 317¼ Scheffel Land. Ein Scheffel entspricht etwa einem halben Hektar. Durchschnittlich alle elfeinhalb Jahre wechselte der Eigentümer. 1902 kaufte der Bremer Gustav Albrecht den Hof und baute das heutige Haus. Hagens Vater Hans-Albert Hagen übernahm den Besitz 1927, seitdem ist Treuholz im Besitz der Familie, die das Einhorn zwischen zwei Eichenbrüchen im Wappen trägt. Treuholz gehört zur Gemeinde Rethwisch. Die liegt an der Autobahn Hamburg–Lübeck (A 1), nahe der Ausfahrt Bad Oldesloe. In Rethwisch biegt man rechts ab ins etwa zwei Kilometer entfernte Treuholz. Durch die Nähe zu Hamburg hat sich der einst sehr dörfliche Charakter der umliegenden Orte durch viel Zuzug von Städtern verändert, doch konnten viele die alten Traditionen erhalten. Zu den Höhepunkten gehört das dreitägige große Gemeindefest im Mai mit Tanz, Musik, Umzügen und »Kindergrün«. Eingekauft wird natürlich auf dem Land. Was rät die Hausfrau? Am Mittwoch und Sonnabend bietet der Wochenmarkt (8 bis 12 Uhr) im

.Kutschenausflug am Sonntag: Treuholz vor dem Zweiten Weltkrieg.

Glückliches Landleben für Kinder.

Treuholz in frühen Tagen: Nur das Türmchen auf dem Dach gibt es nicht mehr.

sechs Kilometer entfernten Bad Oldesloe ein großes Angebot an Landprodukten – und Atmosphäre. Pflanzen für Haus und Garten gibt es gleich um die Ecke bei der Gärtnerei Reinhardt Holzwarth (Fuhlenpott 10, 23847 Treuholz, Tel. 04539-680). Die Stärke der Gärtnerei sind Balkon- und Terrassenbepflanzung.. Gern wandert die Hausherrin im Frühjahr durch die Laubwälder um Treuholz herum, wenn der Boden »weiß von Buschwindröschen« ist. Den Rethwischer Staatsforst empfiehlt auch Hans Aurel Hagen zum Spazierengehen, manchmal trifft man ihn dort hoch zu Pferd. Einige Bäche in der Nähe, wo es wieder Forellen gibt, laden zum Kanufahren ein, etwa die Barnitz. Wer einen Rat braucht, wo er sein Pferd in Pension geben kann, darf sich gern an den Hausherren wenden. Der Vorsitzende des Kreisverbandes Storman der Reiter kennt sich bestens aus (Fax 04539-891583). Zum Essen fahren die Hagens gern hinüber in die Rohlfshagener Kupfermühle zur Familie Franck (22967 Kupfermühle-Tremsbüttel, Tel. 04531-81206, Dienstag geschl.). Die Kupfermühle bietet eine »gutbürgerliche Küche«, je nach Saison in Holstein, vom selbst erlegten Wild, Karpfen und Forelle oder Spargel. Und Bier ist auch stets ausreichend vorhanden. Das Restaurant liegt in einem alten Bauernhaus, hat einen eigenen Bahnhof (entstanden 1860 beim Bau der Strecke Hamburg–Lübeck), und mit dem hauseigenen Mühlrad wird ein Kraftwerk angetrieben, das 25 kW leistet. Wer von hier aus ein bisschen mit dem Auto oder Fahrrad herumfährt, wird eine Reihe von schlossartigen Gutshöfen entdecken.

Das Mühlrad von Kupfermühle.

Gestüt Tasdorf

PFERDE UND KINDER BESTIMMEN DAS LEBEN VON PETRA WILM UND UDO KOCH

»Auf dem Land denkt man nicht ans Heute, sondern in Generationen«, sagt Petra Wilm. Mit dem Bau des erst 1997 fertig gestellten Gutsgestüts Tasdorf bei Neumünster hat die erfolgreiche Unternehmerin und Dressurreiterin mit ihrem Lebensgefährten in die Zukunft investiert. Auf ihrem Hof sind Holsteiner und Trakehner Pferde zu Hause, der Turniersport steht hier im Mittelpunkt.

Vorhergehende Seite: Neuer Stall, ein Traum von einem Pferdeleben.

Unten: Kann man schöner leben? Udo Koch mit Sohn Philip, Petra Wilm mit dem Trakehner-Zuchthengst Ivernel.

Pferde, wohin man sieht: als Kandelaber an der Stallwand, als Dachtraufenschmuck, als Bronzestatue auf dem Hof, als Porträts an den Wänden des Herrenhauses. Höchstlebendige Pferde auf den endlosen Weiden, unter dem Sattel im Dressurviereck, auf dem Hof, in den Boxen. Wer Petra Wilm, geb. Nagel, die Besitzerin von Gestüt Tasdorf am Stadtrand von Neumünster besucht, sollte Pferde im Kopf und im Herzen haben. Tasächlich ist der Bau dieser modernsten und in ihrer architektonischen Geschlossenheit wohl einmaligen holsteinischen Gutsanlage letztlich einem Pferd zu verdanken: dem heute achtjährigen Trakehner Fuchshengst »Ivernel«.

Das Gestüt betritt der Gast durch eine mächtige hölzerne Toranlage, dahinter öffnet sich automatisch ein Metalltor, und nun schreitet der Besucher, von knapp geschnittenen Rasenflächen gesäumt, wie über einen Exerzierplatz, mitten zwischen den sich rechts und links hinziehenden Stallungen aus rotem Backstein auf das Herrenhaus zu. Anno 1997 steht unter dem Familienwappen über der Tür. Eine Gutsanlage wie aus der Tütensuppenwerbung. Frisch gesetzte Eichen an der Auffahrt, die kurz gestutzte Hecke, die weiße Farbe des Portals und der Fensterahmen – fast kann man den frischen Duft des Lacks noch riechen. Vom Glockenturm schlägt die Glocke, leise klirrt das Glas der Laternen im Sommerwind, sonst ist es ganz still.

Alles erscheint hier wie neu – und das ist es auch. Herrschaftlich, geschmackssicher und liebevoll ausgeführt bis ins Detail präsentiert sich Tasdorf, weithin zwischen den immergrünen Wiesen zu sehen. Aber es leben auf Tasdorf auch Menschen. Da ist die Hausherrin Petra Wilm. Sie steigt aus ihrem praktischen BMW-Kombi, eine sportliche, gertenschlanke Figur, elegante Hose und Seidenblazer statt Gummistiefel und Lodenmantel. Eben saß sie noch in der Chefetage der »Nagel Transport GmbH«, einem Speditionsbetrieb, den sie selbst leitet.

Zehn Minuten später brummt ihr Lebensgefährte Udo Koch, Unternehmer mit Büro in Hamburg, in seinem nachtschwarzen Aston Martin DB 5 Cabriolet die Vorfahrt hoch. Nicht nur der Sportwagen, auch der elegante Anzug, seine Schuhe, die Jagdausrüstung, viele der Gemälde im Haus, sogar eine eigene Rosenzüchtung »Petra« stammen aus England, dessen Sitten und Gebräuche Udo Koch besonders schätzt.

Aus dem Stall nähert sich Caroline, Petra Wilms Tochter aus ihrer Ehe mit Hamburgs wohl bekanntestem Juwelier Mark Wilm. Caroline ist 8 Jahre alt und führt ihr Pony »Lotte« an der Trense. Im Stall steht das Hengstpony »Titan«, ein echter Wildfang, preisgekrönt, der die Nachwuchsreiterin aber schon im hohen Bogen aus dem Sattel befördert hat. Und vom Spielplatz aus hat Philip, 3, mit seinem Tret-Trecker Kurs auf die Eltern genommen. Eine Familiengemeinschaft wie aus dem Bilderbuch.

Doch die Gemeinschaft ist noch nicht vollzählig. Der Dreh- und Angelpunkt des Lebens auf Tasdorf befindet sich zurzeit auf der Südseite der Stallungen, in der letzten Box hinten links. Hier steht »Ivernel«, rotgolden schimmernd, selbstbewusst, temperamentvoll, jeder Zoll ein Trakehnerhengst. Mit »Ivernel«, so erfahren wir später, begann die Geschichte von Tasdorf.

Die Familie Nagel, mit der Leitung der einzigen holsteinischen Tierkörperverwertungsanstalt und trotz BSE-Hysterie auf solidem geschäftlichem Fundament, betreibt in Tasdorf schon seit 30 Jahren einen Reitstall. Petra Wilm, die aus dem benachbarten Einfeld stammt, entdeckte hier ihre Liebe zum Pferdesport. Zunächst ritt sie die Pferde, die der Großvater zum Holzrücken im Wald beschäftigte, denn vom Vater war keine Hilfe zu erwarten: Er war Segler. Im Alter von 14 Jahren erhielt Petra dann doch ihr erstes eigenes Pferd. Mit 16 Jahren bereits trainierte sie bei dem großen Dressurlehrer Herbert Rehbein – und mit 17 Jahren war sie deutsche Meisterin in der Dressur, einem Sport, in dem sie heute Grand Prix reitet.

Als der Trakehner-Landesverbandsvorsitzende Hans-Werner Paul sie vor ein paar Jahren fragte, warum sie eigentlich keine Trakehner-Pferde reite, änderte sich ihr Leben schlagartig. Denn, warum eigentlich nicht? Die traditionsreiche, aus Ostpreußen stammende Pferderasse hatte nach dem Krieg in Holstein eine neue Heimat gefunden. Sie kann etwas frisches Blut gut vertragen. Eine schöne Herausforderung. Da Petra Wilm keine halben Sachen macht, ersteigerte sie in einer spektakulären Auktion den prächtigen, damals dreijährigen »Ivernel« für den großen Dressursport und als Deckhengst.

»Wir hatten eine Reitschule und einen Sportstall für unsere Holsteiner Pferde, da war der Trakehner Hengst nicht so gut aufgehoben. Wir überlegten daher, ob wir nicht etwas Richtiges machen sollten, eine richtige Hengststation«, erzählt sie. Für einen vernünftigen Gestütsbetrieb wurden neue Stallungen benötigt, die gab es in Tasdorf damals nicht.

Die gelernte Steuerberaterin und Speditionskauffrau griff deshalb kurzerhand zu, als sich die günstige Gelegenheit

Die Familie in Öl über dem Kamin, gemalt von Daphne Todd, der Präsidentin der britischen Royal Society of Portrait Painters.

ergab, 10 Hektar Land um den Schulbetrieb herum aufzukaufen. Doch dann begannen die Schwierigkeiten. Petra Wilm: »Die zuständigen Ämter meinten, das sei reines Ackerland, da dürfe man nichts bauen. Es ist mir gelungen, die Herren davon zu überzeugen, dass das aber notwendig sei, denn es ging ja um einen Pferdebetrieb und nicht etwa um ein renditeträchtiges Altersheim. Das hat die Leute überzeugt, schließlich sitzen auf den Ämtern ja auch richtige Holsteiner. Der Holsteiner liebt Pferde.«

Der für seine historischen Kenntnisse renommierte Flensburger Architekt Helwig Hofmann entwarf einen typischen Holsteiner Dreiseitenhof, der den Auftraggebern auf Anhieb gefiel. Einheimische Bauunternehmen und Handwerker errichteten das Herrenhaus und Stallungen, in denen heute 30 Pferde für die Zucht stehen, Holsteiner und Trakehner gemeinsam, darunter fünf Deckhengste, auch der Hengst »King Arthur«, ein echter Kracher.

Die passionierte Reiterin nimmt ihre Aufgabe ernst. Auf der Anlage werden seither regelmäßig Dressur-Turniere ausgerichtet oder Pferde-Vorführungen, etwa für die Stuteneintragung. Zu Beginn des Jahres 2000 folgte für die Hausherrin eine ungewöhnliche Ehrung: Petra Wilm

Oben: Spiegel und Kommode findet der Besucher im Esszimmer.

Links: Udo Koch mit seiner Familie: Petra Wilm, Sohn Philip und Tochter Caroline im Wohnzimmer von Tasdorf. Bei der Einrichtung des Hauses wurde nichts dem Zufall überlassen, dunkles Rot herrscht vor.

Alte Standuhr, farblich mit der dominierenden Farbe Rot im Hause abgestimmt.

wurde zur 2. Vorsitzenden des Trakehner-Verbandes gewählt, sie ist die allererste Frau im Züchtervorstand der seit 1732 bestehenden edlen Pferderasse.
Pferdesport, Familie, ein Zuchtbetrieb mit 15 Angestellten, der Beruf – wie kommt man als Frau mit diesen Herausforderungen zurecht? Petra Wilm: »Ich versuche, wenigstens zwei bis drei Stunden am Tag zu reiten und an höchsten 12 bis 15 Turnieren im Jahr teilzunehmen. Oft haben aber berufliche Dinge Priorität.« Für andere Privatvergnügen bleibt wenig Zeit. Sie ergänzt: »Ich habe acht Jahre lang in Hamburg gelebt, sehr gern sogar, und noch viele Freunde dort. Aber zu gesellschaftlichen Veranstaltungen in der Stadt habe ich kaum noch Zeit. Von mir wird erwartet, dass ich mich um die Belange des Kaninchenzüchtervereins, der freiwilligen Feuerwehr, des Turnvereins, des Voltigiervereins, des Spielmannszuges, der Fußballjugend und um die Organisation des Laternelaufens kümmere. Außerdem arbeite ich ehrenamtlich als Handelsrichterin.«
Sie weiß: »Man kann sich auf dem Land nicht abkapseln, sondern muss auf die Menschen zugehen. Das Leben in der Natur, mit den Pferden und das Wissen um das unbeschwerte Aufwachsen der Kinder entschädigen für manche Mühe.«
Eine Entschädigung ist, wenn an warmen Sommerabenden die Familie auf der nach Westen gelegenen Terrasse unter den Säulen des Balkons sitzt. Dabei gerät die Dressurreiterin ins Schwärmen: »Diese Ruhe, die frische Luft, die Eindrücke über Gerüche, der Wind …«
Wenn die warmen Strahlen der untergehenden Sonne sich in den Kristallgläsern brechen und das Glück des Augenblicks wie mit Händen zu greifen ist, dann öffnet ihr Freund Udo Koch eine Flasche besten Ivernel-Champagners, und der Gast fühlt sich plötzlich versetzt in eine Guts- und Pferdeherrlichkeit, von der ältere Menschen meinen, sie sei mit Ostpreußen verloren gegangen.
Auf Tasdorf ist alles ganz jung und grün und flach. Aber die alten Werte zählen noch. Petra Wilm: »Du denkst auf dem Land nicht von heute auf morgen, sondern in Generationen. Auch die Pferdezucht bedeutet ja, in Blutlinien, in Generationen zu denken. Auf dem Land sind wir dem Leben viel näher, hier kennt man die Bedeutung von Vergänglichkeit, von Aufbauen und Weitergeben.«
Von Vergänglichkeit ist Tasdorf weit entfernt. Alles ist hier Aufbruch und Aufbau, dazu in den Händen einer ungewöhnlichen Frau, die mit ihrer Tüchtigkeit gerade beginnt, der Geschichte ihrer Familie und der Geschichte Trakehnens ein neues Kapitel hinzuzufügen.

Vom Esszimmer geht der Blick über die Terrasse hinaus in den weiten Park. Die Säulen stützen den Balkon.

Der Hausherr auf Tasdorf ist very british minded. Dazu gehört natürlich ein schickes Auto, ein Aston Martin DB 5 Vintage, kurz »Debbie« genannt.

Im Mittelpunkt von Tasdorf: Pferde

Petra Wilm liebt Pferde, ihr Lebensgefährte Udo Koch liebt Pferdestärken. Für eine nicht alltägliche Fahrt ins Büro nach Hamburg steht ihm sein elegantes Cabriolet zur Verfügung. Es ist ein Aston Martin DB 5 Vintage, 1964 »als Leiche« gekauft und im Werk »bolt to nut« wieder aufgebaut: 4-Liter-Maschine, 325 PS, 200 km/h Höchstgeschwindigkeit. Nur 60 Wagen dieses Typs wurden gebaut.

Der Holsteiner Hengst »Castellini« zeigt sein Vermögen.

Laut Koch ist der Wagen »alltagstauglich«, er nennt ihn »Debbie«.

Nicht aus England, sondern aus heimischer Zucht stammen die Holsteiner und Trakehner Pferde, die auf Tasdorf stehen. Für sie ist das ganze Jahr Programm, und Gäste sind stets willkommen. Allerdings ist der Hof nicht ganz so leicht zu finden: Von Neumünster aus geht es nördlich Richtung Einfeld/Bordesholm, vor der Stadtgrenze weist ein Schild Richtung Plön. Tasdorf ist das erste Dorf, man erreicht den Hof, wenn man sich hier links hält. Zu Turnierveranstaltungen gibt es eine besondere Beschilderung. Am 1. Februarwochenende beginnt man in Tasdorf mit den Hengstvorführungen. Darum muss sich der Star von Tasdorf keine Sorgen mehr machen. Das erklärte Lieblingspferd der Hausherrin ist der 1992 geborene Fuchshengst »Ivernel«, Siegerhengst der Trakehner-Hengstkörung 1998. Die Portion Sperma für die Nachzucht schlägt mit 1.500 Mark zu Buche. Dafür bietet der Hengst laut Prospekt »vorbildliche Rittigkeistseigenschaften«. Er steht »im größten Rahmen, ist dabei geschlossen und harmonisch. Hervorzuheben sind sein zuverlässiges und ausgeglichenes Interieur sowie qualitätsvolle Grundgangarten, die er mit größter Leistungsbereitschaft unter dem Reiter souverän zur Geltung bringt.« Die Sprache der Pferdefachleute ist eine eigene Sprache.

Concepcion xx

Das Kürzel xx steht für Vollblut.

Mitte Februar darf ein Pferdemann das internationale Reitturnier von Neumünster in der Holstenhalle auf keinen Fall versäumen. Stuteneintragung ist in Tasdorf am 1. Mai, da kann man auch zuschauen. Pfingsten folgt das Tasdorfer Hausturnier (Dressur), die Nachzuchtbewertung für Hengste (»Fohlenbrennen«) im Juni.

Das Gestüt beschäftigt sich nicht nur mit der

Ein Trakehner-Hengst zum Vorzeigen.

Zucht, sondern steht mit seinen angegliederten Reitanlagen und der Halle auch Pensionspferden zur Verfügung. Es wird in Springen und Dressur bis zur höchsten Klasse ausgebildet.

Für Petra Wilm, die 2. Vorsitzende des Trakehner-Verbandes, ist die Zucht des Trakehner Pferdes eine Herzensangelegenheit. Trakehner fanden nach dem Krieg eine neue Heimat in Holstein. Adel und Leistung des Trakehners, der aus Ostpreußen stammt, resultieren aus einer starken Zufuhr von Vollblut, verbunden mit einer harten Aufzucht im ostpreußischen Klima. Als Zug- und Reitpferde überlebten Trakehner die Flucht aus dem Osten und sind heute als Sportpferde wieder sehr gefragt. Sportliche Leistung ist ein Ziel, das Petra Wilm mit Nachdruck als

Der Fuchshengst ist Trakehner-Champion.

Zuchtziel verfolgt. (Informationen gibt der Verband, Postfach 2729, 24517 Neumünster, Tel. 04321-90270). Auch das Holsteiner Pferd, das in Tasdorf zu Hause ist, hat sich vom großrahmigen Wagenpferd zu einem modernen, höher im Blut stehenden Sportpferd entwickelt, gesucht im Springsport, zunehmend auch in der Dressur.

Wer sich hingegen mehr für Golfbälle als für Pferde interessiert, kann sich an den 18 + 6 Löchern des Mittelholsteinischen Golfplatzes Aukrug austoben (24613 Aukrug-Bargfeld, Tel. 04873-595). Er liegt nur 15 Kilometer entfernt und wird von den Tasdorfern empfohlen. Der nahe gelegene Einfelder See bietet Ruder-, Angel-, Segel- und im Winter gelegentlich Eissegel-Möglichkeiten.

Wenn es um die gute Küche geht, empfiehlt Petra Wilm das Restaurant »Am Kamin« mit hervorragender französischer Küche in Neumünster (Probsterstr. 13, Tel. 04321-42853). Eine einfachere Küche, dafür einen tollen Blick auf den See bietet »Zur alten Schanze am See« in Einfeld (Tel. 04321-959580). Im Antikhof Bissee (04322-2500) sitzt man am offenen Feuer und kann nicht

Und hier ist »Ivernels« Nachwuchs.

nur essen, sondern auch die Antikmöbelausstellung besuchen. Wenn die Gestütsbesitzer sich etwas Besonderes gönnen, dann im Entenrestaurant »Anno 1819« in Bostedt (Friedrichswalder Str. 8, Tel. 04393-1448).

www.gestuet-tasdorf.de

Jagdschloss Bellin

WIE ANGELIKA SLOMAN ZU EINEM SCHLOSS IN MECKLENBURG KAM

Fast ein halbes Jahrhundert lag das Familiengut Bellin der aus Hamburg stammenden Bankiers- und Reederfamilie Sloman versteckt hinter dem Eisernen Vorhang der Zonengrenze. Als der Vorhang fiel, kehrten die Slomans zurück. Aufwendig renoviert, wird der nahe der mecklenburgischen Residenzstadt Güstrow liegende prächtige Bau von Angelika Sloman als fast privates Gäste- und Veranstaltungshaus liebevoll geführt.

Schon die Anreise hat etwas Großartiges. Von Hamburg kommend, fährt man über inzwischen gut ausgebaute Straßen knapp zwei Stunden in nordöstlicher Richtung, mitten ins Herz einer der am dünnsten besiedelten Regionen Europas: nach Mecklenburg. Das flache, von sanften Hügeln durchzogene Land gleicht im Frühsommer einem grünen Ozean: Wiesen, Felder, Wälder bis zum Horizont. Noch vor der Kreisstadt Güstrow zeigt ein Schild die Abzweigung nach Bellin an, zu dem eine lange, gewundene Allee führt. Längst hat sich das Handy abgemeldet. Funkloch. Wir haben ein Stück Erde erreicht, das scheint wie herausgefallen aus dieser Welt.

Durch eine klapprige Toreinfahrt biegen wir rechts in eine Lindenallee und trauen unseren Augen nicht: Am Ende des Kopfsteinpflasters steht ein Koloss von einem Gutshaus. Mit seiner düsteren Muschelkalk-Fassade gleicht das »Jagd-Schloss« Bellin einem im Wald gestrandeten Schlachtschiff. Doch auf den Stufen, die zu einem von mächtigen Säulen umrahmten Portal führen, steht kein Admiral, sondern eine attraktive junge Dame in sportlichen weißen Hosen mit gelb-rot kariertem Blazer und schulterlangen rotblonden Haaren und lacht, als sie die ungläubigen Blicke sieht: »Ich weiß, was Sie denken. Das ist alles ein bisschen groß geraten, nicht wahr?«

Angelika Sloman ist die Herrin auf Bellin. Voller Tatkraft hat sie sich des ehemaligen Familiensitzes der Slomans angenommen, um ihm ein wenig von dem alten Glanz zurückzugeben, von dem unbeschwerten Leben, das hier einst herrschte. Bellin soll wieder mit Menschen gefüllt werden, die sich in diesem Haus und in dieser Landschaft wohl fühlen. »Für eine einzelne Familie ist dieses Haus natürlich viel zu groß«, sagt Angelika Sloman. »Wir entschlossen uns daher für eine Nutzung als Apartment-Hotel. Ohne große bauliche Veränderungen vorzunehmen, haben wir neun Ferienapartments zwischen 35 und 180 Quadratmetern mit modernen Bädern und Küchen eingerichtet, dazu vier Gästezimmer. Außerdem können wir Familienfeste und Seminare ausrichten. So lässt sich der Betrieb mit sehr wenig festem Personal aufrechterhalten.«

»Wir«, das sind Angelika Sloman und ihr Vater, der Bankier und Landwirt Friedrich Wilhelm Sloman, der auf einem Gut am schleswig-holsteinischen Schaalsee lebt. Sie

gründeten gemeinsam die »Jagd-Schloss Bellin GmbH + Co KG«, um den Familienbesitz unterhalten zu können. Nebenher unterhält Vater Sloman in Bellin, gemeinsam mit einem holländischen Landwirt, einen Milchwirtschaftsbetrieb mit 800 Kühen auf 2000 Hektar Weideland, die von der Treuhand gepachtet sind.

Die Slomans gehörten einst zu der ärmeren Nebenlinie der berühmten, aus England stammenden Hamburger Reedereifamilie. Henry Brarens Sloman, 1848 im englischen

Vorhergehende Seite: Marmor-Entrée von Bellin mit dem Blick in die Halle. Dahinter der Wintergarten.

Hull geboren und im holsteinischen Wohldorf bei seinem Großvater John Miles Sloman aufgewachsen, ging als junger Mann nach Chile und machte im Salpetergeschäft ein Vermögen. Als wohlhabender Mann kehrte er nach Deutschland zurück und erwarb 1910 von Gerhard Freiherr von Marschall das völlig heruntergewirtschaftete Gut Bellin, dessen Geschichte bis ins frühe 13. Jahrhundert zurückreicht. Nach einem Entwurf des Architekten Paul Korff (1875–1945) ließ er sich ein Gutshaus mit 50 Räumen bauen, das in seinem Stil an eine übergroße Gründerzeit-Villa erinnert. Sloman, ein begeisterter Landwirt, entwickelte Bellin in kurzer Zeit zu einem Mustergut.

In den zwanziger Jahren baute Sloman übrigens ein noch berühmteres Haus, nicht auf dem Land, sondern in der Stadt, das er in Erinnerung an seine Jahre in Südamerika »Chile-Haus« benannte, heute eines von Hamburgs städtebaulichen Schmuckstücken. Mit dem Einmarsch der sowjetischen Truppen 1945 verloren die Slomans ihren

Altes Haus, junge Dame: Angelika Sloman vor der Gartenfront des 1912 erbauten Gutshauses Bellin mit seiner etwas düsteren Muschelkalkfassade.

Aus dem ersten Stock fällt der Blick nach Norden auf das historische Torhaus von Gut Bellin und in die Allee.

Hof. Allein das Geweih eines in der Nähe geschossenen starken Hirsches, eines ungeraden Sechzehnenders, konnte in den Westen gerettet werden. Es hängt heute, 55 Jahre später, wieder in der großen Halle von Bellin. Sloman seniors sterbliche Überreste wurden von den Besatzungssoldaten aus dem Sarg gekippt, das familieneigene Mausoleum zu einer Tankstelle umgewidmet.

Zu Zeiten der DDR diente Bellin als Erziehungsheim für namibische Kinder, ein Lieblingsprojekt von Margot Honecker, die hier oft zu Besuch war. Angelika Sloman: »Ihr haben wir wohl zu verdanken, dass die Bausubstanz relativ gut erhalten ist. Die Dielen- und Parkettfußböden waren mit Linoleum zugenagelt, die Eichenholzvertäfelungen mit braunem Bootslack übermalt. Die Handwerker haben beim Abbeizen ganz schön geschimpft. Im Keller haben wir dann noch einen Raum mit vielen Kabeln und Telefonen gefunden, sah aus wie eine geheime Zweigstelle der Stasi, wer weiß?«

Gleich nach dem Fall der Mauer 1989 setzte sich Henry Brarens Enkel, Herbert Friedrich Sloman, mit den Kindern ins Auto und besuchte Bellin, wo er bis zu seinem 16. Lebensjahr gewohnt hatte. Angelika Sloman erinnert sich: »Mein Vater hat sich dem Haus ganz langsam

genähert. Er war ja nie mehr hier gewesen und wollte das alles emotional abblocken. Als er Bellin aber wiedersah, gab es für ihn nur eine Entscheidung, nämlich den Familienbesitz von der Treuhand zurückzukaufen. Weil meine Geschwister kein Interesse an Bellin haben, kümmere ich mich darum.«

Die Übertragung war, nach den üblichen juristischen Gefechten, 1997 abgeschlossen. In nur 16 Wochen wurde das gesamte Gebäude renoviert und in vier Wochen eingerichtet. »Wir hatten zum Teil mehr als 100 Handwerker im Haus«, erzählt Angelika Sloman. »Niemand hat geglaubt, dass wir in so kurzer Zeit fertig würden.«

Beim Einrichten kam der Hausherrin die Erfahrung in der Modebranche zugute. Angelika Sloman, die an der Bebelallee und der Fernsicht in Hamburg aufwuchs, ist von Beruf Modekauffrau. Nachdem sie einige Jahre beim Otto-Versand gearbeitetet hatte, machte sie sich im Modehandel selbstständig und importierte Jeans und T-Shirts aus der

Den Wintergarten hat Angelika Sloman wieder in den ursprünglich Zustand zurückversetzt. Korbmöbel und Planzen dominieren. Durch die Sprossenfenster ist der rückwärtige Park zu sehen, die Südlage sorgt den ganzen Tag über für Licht.

Oben: Modernes Bad in altem Stil. Es gehört zu einem der Apartments.

Unten: Lauschige Ecke im Gartenhaus am See.

Türkei. »Ich hatte schon lange keine Lust mehr auf den Textilhandel. Als mein Vater mich fragte, ob ich Bellin übernehmen würde, habe ich mir gedacht: Mach es einfach! Inzwischen bin ich voll darin aufgegangen«, erzählt sie. »Der Wunsch meines Urgroßvaters war es, hier einen dauerhaften Familiensitz zu schaffen. Dafür ist es heute zu groß. Ich wünschte mir ein Haus, in dem Platz für alle Freunde ist. Das Konzept eines Apartment-Hotels schien mir am sinnvollsten. Der Begriff ›Jagd-Schloss‹ Bellin drückt den Charakter des Hauses am besten aus, obwohl wir hier weniger an schießwütige Jäger denken.« Bellin war wegen seines großen Wildbestandes zu DDR-Zeiten übrigens ein beliebtes Jagdgebiet der russischen Besatzungsoffiziere.

Inzwischen ist Bellin so weit fertiggestellt, dass die ersten Gäste kommen können. Der überwältigende Eindruck, den das Haus rein äußerlich macht, setzt sich im Inneren fort. Man durchschreitet zunächst eine kleine, in weißem und schwarzem Marmor gehaltene Empfangshalle und gelangt dann in eine riesige, dunkle, noch spärlich möblierte ovale Halle mit raumhohen Eichenvertäfelungen, Parkettfußboden und Kamin, über dem ein Porträt des Erbauers Henry Brarens Sloman hängt. Nach Süden schließt sich ein heller, weiter Wintergarten an, zur rechten liegt ein Esssaal, der Boden in Nussholzintarsien, dahinter Wirtschaftsräume. Rückwärtig führen zwei breite Treppen zu den im 2. und 3. Stock liegenden Apartments. Um den

Himmelbett und sanfte Farben: Im Jagd-Schloss Bellin fühlt man sich in ein anderes Jahrhundert versetzt.

herrschaftlichen Charakter der Räume zu erhalten, wurden nur wenige zusätzliche Wände gezogen. Die Apartments sind sparsam, bequem und geschmackvoll möbliert, dunkle geschliffene Dielenfußböden herrschen vor. Die Küchen sind hochmodern. Alt und Neu ergänzen sich in vollendeter Weise.

Angelika Sloman: »Im ersten Jahr habe ich mich durch das ganze Haus geschlafen, um zu sehen, wo es noch etwas zu verbessern gibt. Der Zuspruch der Gäste zeigt mir, dass alles gelungen scheint.« Zwei Wohnungen sind an Dauermieter mit Jagdleidenschaft vergeben.

Auf Bellin gibt es natürlich noch manches zu ergänzen. Die der Treuhand gehörenden, zum Teil aus dem 16. Jahrhundert stammenden Wirtschaftsgebäude stehen vor dem Verfall, die beiden großen Teiche müssen noch entsumpft werden, der Rasen fängt gerade erst an zu wachsen, der großen Halle fehlen noch ein paar Glanzpunkte. Doch wer sich von dem märchenhaften Charakter dieses wiederbelebten hochherrschaftlichen Anwesens gefangen nehmen lässt, wer vollständige Ruhe und Abgeschiedenheit liebt und keine Rundumbetreuung für sein Wohlbefinden benötigt, wird sich hier wohlfühlen. Bellin erscheint wie ein anderes Land in einer anderen Zeit.

Angelika Sloman verbringt viel Zeit im Schloss, aber sie lebt hier nicht. »Als Hauptwohnsitz habe ich Hamburg behalten, jedenfalls wenn kein Gäste im Haus sind.« Eine Hauswirtschafterin vertritt sie, eine gute Köchin ist diese obendrein. Am Abend, wenn es dunkel wird, schaltet das Burgfräulein das Licht im Schloss aus, dreht den Sicherheitsschlüssel im Hauptportal um, steigt in ihr kleines rotes Fiat-Cabriolet und saust durch den grünen Ozean in die große Stadt. Dann fällt die Einsamkeit wie ein schwarzes Tuch über Bellin, und wer genau hinhört, wird ganz bestimmt in der Ferne die Wölfe heulen hören.

Bellin, in Mecklenburgs Einsamkeit

»Das Wappen, wie es die Familie Sloman bisher führt, entspricht in Form und Farben nicht der deutschen Heraldik«, wird im Adelskalender geklagt. Das kann der aus England stammenden Familie, der ältesten Hamburger Reederdynastie, ziemlich egal sein. Wer sehen will, wie die Familie damals und heute auf ihrem Landgut Bellin in Mecklenburg lebt, hat – nach Vorbestellung – die

Erbauer von Bellin: Henry Slomann

Möglichkeit dazu. Acht große Apartment-Wohnungen mit bis zu acht Betten sowie vier Gästezimmer und die entsprechenden Räumlichkeiten zum Feiern von Hochzeiten und Geburtstagen stehen in dem vollständig renovierten, fürstlichen erscheinenden Haus zur Verfügung – zu gar nicht fürstlichen Preisen. Die Gäste werden von der Hausherrin handverlesen ausgesucht. Da es im Haus nur eine Beschließerin gibt (die gern auch kocht und für ein schönes Frühstück sorgt), ist man fast allein im Schloss und darf sich daher wie ein Gutsherr fühlen. Wanderwege, Seen und Badeteiche laden dazu ein, die Einsamkeit um Bellin auf eigene Faust zu erkunden.

Wer sich die alten Aufnahmen von Bellin ansieht, wird feststellen, dass sich hier im einsamen Herzen von Mecklenburg kaum etwas verändert hat, weder im Haus noch vor dem Haus.

Von Hamburg aus benötigt man im Auto

Fast 800 Jahre alt ist die Feldsteinkirche von Bellin, Pastor Schröters Missionsstation.

Bilder aus einer vergangenen Zeit. Und doch hat sich in Bellin nicht viel verändert. In Mecklenburg läuft das Leben langsamer.

ungefähr eindreiviertel Stunden bis Bellin. Man fährt am besten über Schwerin, folgt der B 321 bis Crivitz, über Goldberg Richtung Güstrow und biegt bei Zehna nach Bellin ab. Eine Pause lohnt sich in Mestlin, das zu DDR-Zeiten ein auf dem Reißbrett entstandenes sozialistisches Musterdorf war – mit Marktplatz, Volkshalle und Reihenhausbebauung. Sehr schräg. Um Bellin herum gibt es auch einige Sehenswürdigkeiten: In der kleinen Feldsteinkirche aus dem 13. Jahrhundert ist alle zwei Wochen Gottesdienst. Pastor Karl-Heinz Schröter kommt dann von der Nachbargemeinde Zehna herüber, oder von Lohmen, wo er das Dach der 800 Jahre alten Kirche selber geflickt hat und gern etwas über Land und Leute erzählt (Tel. 038458-20460). Nur sechs Kilometer entfernt liegt das Gestüt Ganschow mit 350 Pferden. Dort kann man reiten oder einen Pferdewagen mieten (Tel. 038458-20226, Herr Meincke). In Serrahn, etwa 15 Autominuten entfernt, liegt ein kleiner Golfplatz. Wander- und Bademöglichkeiten in den nahe liegenden Seen gibt es überall, Güstrow mit seinem gewaltigen Schloss und seiner Altstadt ist immer einen Besuch wert. Wer fürstlich essen will, findet im benachbarten »Haus am See« von Michael und Ruth Laumen in Krakow eine Gourmet-Küche, die beste in Mecklenburg, mit einem Michelin-Stern ausgezeichnet (Tel. 038457-23273). Für den Städter bieten Bellin und seine noch fast archaische Umgebung Abenteuer mit einem Hauch von Luxus. Hinfahren!

www.jagdschloss-bellin.de

Gut Neudorf

WOLF UND GISELA VON BUCHWALDT: EIN HAUS, DAS GESCHICHTE SCHRIEB

Schon Katharina die Große von Russland war auf dem ostholsteinischen Gutshof bei Lütjenburg zu Gast. Oberhalb des romantischen Tals der Kossau und nahe dem Ostseestrand liegt seit 1761 der Stammsitz der Familie von Buchwaldt. Mit Landwirtschaft und gehobenem Tourismus ruht der Gutsbetrieb heute auf zwei wirtschaftlichen Beinen. Die Wurzeln ältester Holsteiner Geschichte gingen in den Jahrhunderten nicht verloren.

MOZART
GNER

Vorhergehende Seite: Der Flügel steht hier nicht nur zu Dekorationszwecken. Auf ihm spielte schon der Pianist Justus Frantz seine Partitur.

Rechts: Wolf und Gisela von Buchwaldt im Gelben Salon von Neudorf. Mobiliar und Bilder werden seit Generationen vererbt.

Unten: Neudorf liegt auf einem Endmoränenhügel. Für den Bau wählte man gelben Klinker.

Nahe der holsteinischen Kleinstadt Lütjenburg, auf dem Weg zur Ostsee, liegt das Herrenhaus Neudorf. Eine gewundene Allee aus knorrigen alten Eichen führt zu dem einfachen zweiflügeligen Bau aus gelbem Klinker, dessen einziger äußerlicher Schmuck die gotische Fensterfront nach Norden ist. Linden umsäumen kurz geschnittene Rasenflächen, in der Kiesvorfahrt parkt ein Jeep Cherokee Diesel. Auf einem Gerüst über dem Eingang arbeiten Handwerker an der Fassade. Ja, Westwind und Regen nagen an alten Gemäuern, und der Lauf der Zeit zeigt vor jahrhundertealten Traditonen keinen Respekt.
Auf Neudorf lebt Wolf von Buchwaldt, 63, mit seiner Frau Gisela, eine geborene Krahl-Urban aus Hannoversch-Münden. Ihr Vater, ein bekannter Forstmann, Professor für Waldbau und Genetik, wurde wegen seiner Spezialisierung »Eichen-Professor« genannt. In Neudorf hätte er ein breites Betätigungsfeld gefunden.
Die Familie von Buchwaldt gehört zu den sieben alten Adelsgeschlechtern Holsteins, ihre Geschichte reicht zurück bis ins 13. Jahrhundert. Das Wappen mit dem zähnefletschenden Bärenkopf unter der siebenzackigen Krone schmückt manches Holsteiner Herrenhaus und viele alte Chroniken. Seit 1761 ist das 1703 erbaute und mehrfach erweiterte Neudorf eine Art Stammsitz der weit verzweigten Familie, zu der auch der in Hamburg lebende Springreiter und zweimalige Derby-Sieger Achaz von Buchwaldt gehört.
Eine Familie mit so viel Ansehen bedarf keiner übertriebenen Zeichen äußerlicher Repräsentation. Tatsächlich hätte sich wohl jeder Architekt schwer getan, der Neudorf umgebenden Landschaft einen entsprechenden baulichen Kontrapunkt entgegenzusetzen. Der Besitz liegt in einer idyllischen, von gewaltigen Bäumen durchsetzten Endmoränenlandschaft über dem Tal der Kossau. Im vorletzten Jahrhundert verwandelte der Landschaftsarchitekt Caspar Voght das Gelände in eine parkähnliche Baumanlage nach

Rechts: Messingfernrohr, Kamin, Gemälde: So lebten schon Generationen zuvor. Auf Neudorf wird bewahrt, nicht aufbewahrt.

Im Saal von Neudorf werden Feste gefeiert. Hier tagt einmal im Jahr die Hasdorfer Totengilde und gibt sich die Kante. Da wird auch die Hausherrin nicht verschont. Ein Raum, der Geschichte atmet. Aus dem Fenster blickt man über den Hohwachter Binnensee.

dem Vorbild einer englischen *ornamental farm*, wie man sie heute in dem ebenfalls von Voght angelegten Hamburger Jenisch-Park wiederfindet. Aus dem Speisesaal von Neudorf geht der Blick über Wiesen und Baumsolitäre hinüber zum Hohwachter Binnensee; in der Ferne blinkt die graublaue Ostsee. Der bedeutende norddeutsche Künstler Louis Gurlitt (1812–1897) malte 1861 aus dieser Perspektive eines seiner berühmtesten Gemälde. Es ist heute der Stolz des Altonaer Museums. Für Wolf von Buchwaldt gibt's diese Aussicht ganz umsonst, wenn er will, jeden Morgen beim Frühstücksei.

Neudorfs landschaftlich bevorzugte Lage ist heute leider zu einer Hypothek geworden. Seit Jahren ringen Anlieger und Naturschutz um die vermeintlich richtige Nutzung des Gebietes. Die Naturschutzbehörde plädiert für eine Rückführung der Kultur- in eine reine Naturlandschaft nach dem Motto: zurück zur Wildnis. Die Buchwaldts und ihre Nachbarn wollen die Kulturlandschaft bewahren. »Leider«, so Hausherr von Buchwaldt, »sind die historischen Pläne der Gartenanlagen im Kriege verloren gegangen.« An anderer Stelle musste sich der Gutsherr dem Naturschutz schon geschlagen geben. »Die Wiesen am großen Binnensee«, so erzählt von Buchwaldt, »waren einst Rastplatz für riesige Schwärme von Zugvögeln. Seit wir das Gras nicht mehr mähen dürfen, kommen keine Zugvögel mehr. Sie fühlen sich nicht mehr sicher, weil sie das Gelände nicht übersehen können.« Dies trifft auf eine andere Kreatur nicht zu: Der seltene Eisvogel mit seinem leuchtend blauen Gefieder fühlt sich an der Kossau wohl.

Wie in so vielen Gutsbetrieben Holsteins, hat die Landwirt-

schaft in Neudorf einen immer geringeren Anteil. 1980 bewirtschafteten die Buchwaldts noch 654 Hektar Land. Heute sind es noch 416 Hektar. 100 Hektar gingen an den Golfplatz, das Übrige an das Naturschutzgebiet. Neudorf bietet einen ordentlichen Ackerboden für Zuckerrüben, Raps, Weizen und Gerste, aber der Ertrag reicht nicht aus, um einen rein landwirtschaftlichen Betrieb zu führen. Pachtland ist teuer und kaum zu haben, so suchten sich die Buchwaldts ein zweites Standbein im Fremdenverkehr. Buchwaldt erklärt: »Unter strengen Auflagen ist es uns gelungen, auf 100 Hektar Ackerland einen Golfplatz einzurichten, mit inzwischen 27 Löchern. Neun Löcher werden wir für die Öffentlichkeit zugänglich machen.« Am Golf & Country Club Hohwachter Bucht ist von Buchwaldt (Handicap 26) finanziell beteiligt. 360 Mitglieder gibt es schon,

500 sollen es werden. Sechs Mitarbeiter pflegen die Golfanlage, doppelt so viele, wie die Arbeit auf dem Hof erfordert. Misthaufen und Federvieh sucht man auf Neudorf vergeblich, denn in Ferkelställen, Wagenremisen und einer alten Meierei, insgesamt 16 Gebäude, sind heute hochwertige Mietwohnungen untergebracht. Gisela von Buchwaldt ist zufrieden: »So hat Neudorf 100 neue Bewohner bekommen. Alles nette Leute.« Ihr Mann ergänzt: »Die Vermietungen machen heute zwei Drittel aller Einnahmen aus.« Bettina von Buchwaldt, die zweite von drei Buchwaldt-Töchtern, wird den Betrieb einmal übernehmen. Sie studierte Landwirtschaft und erlernte anschließend bei Engel & Völkers in Hamburg das Immobiliengeschäft.

Wolf und Gisela von Buchwaldt machen nicht den Eindruck, als hätte sie das Ringen mit den Behörden erschöpft. Dazu kennt sich der langjährige Bürgermeister des benachbarten kleinen Ostseebades Hohwacht und amtierende Präsident der Land- und Forstwirtschaftlichen Arbeitgeberverbände mit amtlichen Fragen gut aus. Und als Vorsitzender des Hauptausschusses der Arbeitsgemeinschaft Grundbesitz stemmt sich der Lobbyist, er vertritt 160 landwirtschaftliche Betriebe, mit Leibeskräften gegen die Gesetzesflut. »Manchmal bin ich täglich unterwegs«, sagt er ohne Klage.

Vielleicht ist es auch das heitere, gastfreundliche Ambiente von Neudorf, das an einem Regentag trübe Gedanken nicht aufkommen lässt. Die Buchwaldts servieren Tee im Angesicht der reich bestückten Ahnengalerie. Viele der Vorfahren waren in dänischen Diensten, der Großvater hingegen preußischer Ulan in Potsdam. Die Buchwaldts von heute kommen weniger kriegerisch daher, der Hausherr im grünen Sakko zur hellen Manchesterhose, seine Frau im grünen Feinkord-Kleid, dezenter Goldschmuck mit eingefassten Steinen.

Gisela von Buchwaldt zeigt ihr Haus gern, sie hat allen Grund, zufrieden zu sein. Zimmer an Zimmer reiht sich im Parterre, die meisten Möbel und Landschaftsbilder sind lange im Familienbesitz, ein echter Gurlitt ist auch darunter, wo hängt er gleich noch? Eines der Wohnzimmer wird bei Bedarf als Kapelle genutzt, etwa wenn eine Taufe ansteht. Der große Speisesaal nebenan, mit alten Fresken an der Decke und dem herrlichen Ausblick, wird ausnahmsweise auch für Feiern vermietet. An jedem 1. Freitag im Juni kommt das ganze Dorf mit Kapelle anmaschiert, zur Feier der Hasberger Totengilde; es gibt, auch das ist Tradition, gleich morgens Klops und Schnaps bis zum Abwinken. Seit 1741 sorgt die Totengilde dafür, dass der Mensch gut unter die Erde kommt oder Ersatz erhält, wenn ihm ein Stück Vieh verendet. Ländliche Hilfe auf Gegenseitigkeit.

In der Ecke des großen Saals steht ein Berdux-Flügel. Frau von Buchwaldt sagt nicht ohne Stolz: »Es ist ein besonderer Flügel. Justus Frantz hat darauf Klavierspielen gelernt.« Eher unscheinbar ist ein Mahagonibett im 1. Stock. Hier schlief 1738 die Prinzessin von Anhalt-Zerbst während der Sommerferien in Neudorf, lange bevor sie als Katharina die Große Zarin von Russland wurde. »Manchmal schläft hier meine Tochter«, erzählt die Hausherrin, »aber das Bett ist ihr eigentlich viel zu klein.«

Der Rundgang wird für einen Augenblick unterbrochen. Auf dem Hof ist der Bofrost-Wagen vorgefahren. Der ambulante Lieferant von Tiefkühlkost kommt jetzt öfters über Land, seit das Golfeisen 3 die Sense in der Hand des Landwirts abgelöst hat.

Nicht alle ländlichen Traditionen mussten dem Zeitgeist geopfert werden. Auf Neudorf etwa steht die Jagd hoch im Kurs, zumal sich das Schwarzwild übermäßig breit gemacht hat, weil es im Naturschutzgebiet nicht bejagt werden darf. »75 Sauen haben wir im letzten Jahr geschossen«, so Buchwaldt, »die kamen alle aus dem Naturschutzgebiet. Außerdem haben wir hier viel Reh- und Damwild. Hasen gibt's kaum, die sind alle auf dem Golfplatz.« Buchwaldt lässt keinen Zweifel daran, dass es für ihn nie etwas anderes als das Landleben gab: »Ich bin genau das geworden, was ich mir immer gewünscht habe.« Frau von Buchwaldt schließt sich an: »Sehen Sie doch einmal den Zusammenhalt, den es hier noch gibt. Wenn etwas zu machen ist, dann packt die ganze Familie mit an. Wenn ich jemanden brauche, dann kommen Leute, die hier schon lange nicht mehr leben, zu mir und helfen. Ich versuche hier eine Sozialfunktion aufzubauen, wie es früher einmal war, wo alle füreinander da waren und sich keiner allein fühlen musste.« So ist Neudorf zum Mittelpunkt der vielköpfigen, über ganz Holstein und Hamburg verteilten Familie geworden. Mit ihrer Arbeit in der Nordelbischen Synode fühlt sich Gisela von Buchwaldt auch über Neudorf hinaus im christlichen Sinne verantwortlich.

Wenn es stimmt, dass die Anwesenheit des seltenen Eisvogels in Holstein Gutes verheißt, dann muss man sich um Neudorf und seine Bewohner keine Sorgen machen: Den »blauen Vögeln« am Lauf der Kossau geht es prächtig.

Links: Gemessen blickt der Ahnherr ins neue Jahrtausend. Nur die Vogelschar wird ihm noch vertraut sein.

Alte Kandelaber an der Seitenfront des Herrenhauses. Blumenrabatten und Wege fügen sich zu einem ländlich-romantischen Ensemble.

Neudorf im Herzen Ostholsteins

Die Familie von Buchwaldt führt einen Bären mit gefletschten Zähnen im Schild. Doch ansonsten geht es hier sehr zahm zu. Der Blick von Neudorf aus über den Hohwachter Binnensee zur Ostsee regte schon den norddeutschen Maler Louis Gurlitt zu einem seiner schönsten Bilder an (es hängt im Museum Altona zu Hamburg). Das Frühjahr, wenn die Rapsfelder blühen, ist auch in Ostholstein die Zeit der Liebe. Manchmal darf dann in Neudorf Hochzeit gefeiert werden. Zu finden ist der Hof ganz leicht. Wer aus Hamburg kommt, fährt am besten über die Autobahn A 7 bis Neumünster und dann die B 430 über Plön bis Lütjenburg, in ihrem letzten Teil eine landschaftlich schöne Strecke. Von dort geht es weiter auf der B 202 Richtung Oldenburg, aber nur ein kurzes Stück, dann links ab Richtung Hohwacht. Neudorf liegt nach wenigen Kilometern auf der linken Seite. Ob hier gerade Wohn- oder Ferienhäuser frei werden oder ob sie ihre Räume

Hohwacht ist mit 27 Löchern einer der größten Golfplätze Holsteins. Auf dem runden Golfodrom kann man den Abschlag üben.

Hochzeit auf Neudorf: Das Brautpaar wird mit der Kutsche durch die Frühlingslandschaft gefahren. Da geraten Singles ins Träumen.

ausnahmsweise für eine Feier vermieten, kann man bei den von Buchwaldts am besten schriftlich erfahren (Gut Neudorf, 24321 Hohwacht, Fax 04381-4299).

Im Allgemeinen wird man weiterfahren bis in das (sehr touristische) Ostseebad Hohwacht. Schöner ist es etwas weiter östlich, am Sehlendorfer Strand bei der Gemeinde Sehlendorf. Je weiter östlich man wandert, desto einsamer und schöner der Strand (und das Wasser!), selbst an heißen Sommertagen findet man hier ein freies Plätzchen. Auf dem Steilufer kann man Fahrradfahren.

Richtig was los ist auf Neudorf am 1. Juni, wenn die »Hasberger Totengilde von 1741« mit einem Umzug und Saufgelage rund um die Uhr beginnt. Ein echtes Volksfest mit Gänsemarsch, der Vorstand trägt Zylinder.

Wer's gern etwas feiner hat, kann den Golf & Country Club Hohwachter Bucht besuchen, sein ziemlich hügeliges Gelände mit 27 Löchern gehört teilweise zu Neudorf. (Tel. 04381-9690)

www.golfclub-hohwacht.de

Wenn die von Buchwaldts zum Essen ausgehen, dann gern in das Restaurant »Ole Liese« von Detlef Schultz auf Gut Panker, ganz in der Nähe (Tel. 04381-4374). In Hohwacht gibt es das Restaurant »Klabautermann« zum Fisch essen. Rund um Hohwacht ist im Sommer ziemlich viel Trubel, etwas landeinwärts findet man in einer zauberhaften Landschaft aber noch viele stille Plätze.

Anmarsch mit Zylinder: Die Hasberger Totengilde beerdigt niemanden, sie feiert das schöne Leben.

Schloss Rohlstorf

ZWISCHEN STADT- UND LANDLEBEN: HEINRICH UND ANNETTE VON RANTZAU

Im Herzen Holsteins, am Wardersee bei Bad Segeberg, liegt Rohlstorf, zu dessen Vorbesitzern König Christian IV. von Dänemark gehörte. Die Hamburger Reederfamilie von Rantzau hat sich hier ein ebenso stilvolles wie privates Refugium geschaffen, das Kultur und Gastfreundlichkeit ausstrahlt. Landwirtschaft und Jagd stehen im Mittelpunkt des Betriebes.

Vorhergehende Seite: Das Fell des Bären: Im Seitenflügel des Wohnhauses bewacht Meister Isegrimm einen Kamin und lädt zum Kuscheln ein.

Aus der ehemaligen Wagenremise ist das Wohnhaus der Familie von Rantzau geworden. Das Gebäude liegt am Rande des Gutsbetriebes, so dass die private Atmosphäre immer gewahrt bleibt.

»Allah zählt die Tage nicht, die wir auf Jagd sind.« Wenn dieses arabische Sprichwort auch in Holstein gilt, dann dürfte die Zeit in diesem Land nur sehr langsam verstreichen. Auch das Gut Rohlstorf von Heinrich und Annette von Rantzau macht da keine Ausnahme, denn die Jagd, aber auch die Land- und Forstwirtschaft stehen ganz im Mittelpunkt dieses Betriebes. Kein Ort auf Erden scheint geeigneter für die Hege und Pflege des Wilds, denn auf dem rund 1000 Hektar großen Hof, nahe Bad Segeberg idyllisch am fischreichen Wardersee gelegen, fühlen sich nicht nur Dam- und Schwarzwild zu Hause, sondern auch der riesige Kolkrabe und der fast ausgestorbene Seeadler, auf den Heinrich von Rantzau besonders stolz ist: »Das Rohlstorfer Seeadlerpärchen gehörte zu den drei letzten ihrer Art in Schleswig-Holstein. Inzwischen hat sich der Bestand dank intensiver Schutzmaßnahmen wieder erholt.«

Die Hausherrin ist ebenfalls auf Fährtensuche, allerdings in einem ganz anderen Metier. Die Pädagogin und Kunsthistorikerin spürt den schönen Künsten nach und hat erst kürzlich die Renovierung eines Wirtschaftsgebäudes abgeschlossen, das nun als Ausstellungsraum, Theater und Konzertsaal genutzt werden kann. Eine Fotoausstellung mit Berliner Mauerkunst bildete den Auftakt zu einer Reihe von Aktivitäten, mit denen Annette von Rantzau versucht »Kunst und Kultur im ländlichen Bereich zu fördern.«

Rohlstorf, das ist eine Gutsanlage vom Umfang eines kleinen Dorfes. Durch den Blättertunnel einer zwei Kilometer langen Allee, bestehend aus 200 Jahre alten Linden, und über denkmalgeschütztes Kopfsteinpflaster erreicht man den Hof. Dominiert wird das Anwesen vom Rohlstorfer Schloss, 1912 nach barockem Vorbild auf alten Fundamenten gebaut und von den Rantzaus heute an den Träger eines Internates vermietet. Rohlstorf darf wohl als Schloss bezeichnet werden, weil zu den Vorbesitzern des Hofes 1601 Christian IV. von Dänemark, ein König, gehörte.

Die Grafen zu Rantzau tragen einen der ältesten und bekanntesten Namen nicht nur Holsteins, sondern auch Dänemarks. Heinrich von Rantzau jedoch stammt nicht aus der holsteinischen gräflichen, sondern aus der ausgewanderten mecklenburgischen Linie. Zudem ist er waschechter Hamburger. Als Enkel des berühmten Tankerreeders

John T. Essberger (1886–1959) wuchs er in Blankenese auf, besuchte das Christianeum und leitet heute, gemeinsam mit seinem Bruder Dr. Eberhart von Rantzau, die nach dem Großvater benannte Tankschiffreederei sowie die traditonsreichen Deutschen Afrika-Linien. Was aber treibt einen Jungen von der Elbe in den Wald? Heinrich von Rantzau: »Vater und Großvater waren begeisterte Jäger und Landwirte. Als Kinder sollten wir aber Segeln und Reiten lernen, weil unsere Großmutter von der Jagd nicht viel hielt. Mein Großvater hat uns dann heimlich mitgenommen. Wie das manchmal so ist im Leben, was man nicht darf, macht den meisten Spaß.«

1992 ergab sich für Heinrich von Rantzau die seltene Möglichkeit, ein Gut in Stadtnähe zu erwerben: Rohlstorf. Sozusagen im Kaufpreis inbegriffen war die Übernahme des langjährigen Gutsverwalters Friedhelm Moritz. »Ohne den tüchtigen Herrn Moritz hätten wir das Gut nicht gekauft«, sagt Heinrich von Rantzau, und es scheint, als sei es ihm

Landhaus oder Stadthaus? Im Wohnzimmer des Hauses in Rohlstorf gleichen sich die Stile an. Hier ist Annette von Rantzaus sicherer Geschmack zu spüren – klassische hanseatische Eleganz.

ernst mit dieser Aussage. Seitdem verbringen die Rantzaus so viele Wochenenden am Wardersee wie möglich. Die drei Söhne im Teenager-Alter sind in letzter Zeit weniger in die gute Landluft zu locken. Das wird sich geben.

Nachdem die Rantzaus das Gut übernommen hatten, sorgten sie für die Renovierung der teilweise vom Verfall bedrohten Gebäude und entdeckten an einem alten Gemäuer das Rantzau'sche Wappen. Tatsächlich gehörte Rohlstorf schon einmal Mitgliedern der Familie. Von 1846 bis 1898 war ein Graf zu Rantzau Eigentümer.

Im Rahmen der Umbaumaßnahmen verwandelte Annette von Rantzau eine große Remise in ihr neues Zuhause, die romantischen historischen Landarbeiterhäuser wurden an betuchte Klientel aus Hamburg vermietet, aus einem Pferdestall wurde eine gemütliche Borgstube gemacht, ein »Sozialraum«, der allen Mitarbeitern des Hofes zugänglich ist. Dazu kam die romantische, von einer Balkenkonstruktion getragene Ausstellungshalle.

Ein dicker Brocken wartet allerdings noch. Zwischen dem neuen Herrenhaus und dem Schloss liegt, dicht am See, das ziemlich verfallene, aus dem 16. Jahrhundert stammende Giebelhaus. Aus diesem ältesten Wirtschaftsgebäude entsteht ein Wohnhaus mit zwei großen Apartments. Heinrich von Rantzau: »Leider haben wir hier im Kreis Segeberg ganz erhebliche Probleme mit dem Amt für Denkmalspflege, das sein Ermessen recht eigenwillig ausübt. Ich hoffe, dass die für uns sehr aufwendige Renovierung des Giebelhauses nun bald abgeschlossen werden kann. Die Alternative wäre der endgültige Verfall des Gebäudes gewesen.«

Der Wardersee liegt direkt vor der Tür, bis zum Bootssteg sind es nur ein paar Schritte. Hier sitzt das Ehepaar von Rantzau gern, besonders wenn der Seeadler seine Kreise am Himmel zieht.

Der familiäre Mittelpunkt der Familie von Rantzau liegt heute im neuen Wohnhaus. Die ehemalige Remise begrenzt die Anlage nach Osten. Der Blick durch die Sprossenfenster geht über eine große Rasenfläche, über See, Wald und Felder, wo der Seeadler seine luftigen Kreise zieht. Leuchtende Strauchrosen, Clematis, Glyzinien ranken sich am roten Backstein empor. Davor Töpfe mit leuchtend roten Geranien. Die weiß gestrichenen, großzügig geschnittenen Innenräume sind mit Steinplatten von der schwedischen Insel Öland ausgelegt. Sie glänzen wie Marmor. Frau von Rantzau pflegt eine »bewusst norddeutsch-skandinavische Architektur«. Es gibt zwei Kaminzimmer. Ölgemälde aus dem Familienbesitz schmücken die Wände, es sind viele Jagdszenen zu finden, aber auch Jugendstil und Biedermeier. Geweihe hängen im Eingangsbereich (der Fachmann weiß, es sind Damwildschaufeln, natürlich alles selbst erlegt), neben der Haustür sind in einem Garderobenraum grüne Gummistiefel, Lodenjacken, Wachsmäntel, gummiarmierte Ferngläser und Angelgeräte wie die Soldaten in Reihe aufgestellt. Die Rohlstorfer Jagden gehören zu den bekanntesten des Landes. Überhaupt scheint hier alles frisch und neu und strahlt eine gediegene Eleganz aus, die silbernen Kaffeekannen und Zuckerdosen, das Teegeschirr Wild-Rose und Paloma Picasso von Villeroy & Boch, die Blumenarrangements auf dem Tisch. Das ist der Geschmack der Hausherrin, er passt ebenso an die Elbchaussee wie aufs Land. »Einrichten ist mein Hobby«, sagt Annette von Rantzau. Für welche Hausfrau träfe das nicht zu? Sie fügt hinzu: »Viele Gegenstände sind aus Familienbesitz. Mein Geschmack entspricht dem ästhetischen Empfinden meines Mannes.«

Rohlstorf ist für Heinrich von Rantzau kein kostspieliges Hobby, sondern, wie er als nüchtern denkender Hamburger Reeder sagt, »ein profitabler Betrieb mit hohem Freizeitwert.« 1100 Hektar Betriebsfläche sind zu bewirtschaften, darunter 630 Hektar Ackerland und 280 Hektar Wald. Auf

Erst 1912 wurde das Herrenhaus von Rohlstorf nach barockem Vorbild gebaut. Das kürzlich renovierte, schlossartige Gebäude befindet sich in einem hervorragenden Zustand und wird heute als Internat genutzt. Seine Vorderfront mit der Freitreppe ist dem See zugewandt.

dem Feld wachsen Raps, Weizen und Gerste, im Wald sorgt ein Anteil Nordmanntannen zu Weihnachten für finanziellen Schub, die Jagdprodukte werden nach der großen Dezember-Jagd in Form von Wildschwein-Mettwurst und Damwildbraten auf den Markt gebracht, und auf dem See ringt der Berufsfischer tagaus, tagein mit den räuberischen Kormoranen um die nasse Ernte. Freizeitwert bietet der Golfplatz, er liegt gleich um die Ecke, im Schilf warten Angelkahn und Surfbrett, im Stall stehen Reitpferde, und gelegentlich sieht man einen Rennradfahrer durch das vollständig arrondierte, das heißt in seinen Flächen zusammenhängende, Gutsgelände strampeln.

Wer eben noch sein Auto durch den Autobahnstau gebracht hat, ist wie betäubt von der Ruhe, die Hof und Landschaft ausstrahlen. In Rohlstorf findet sich ein Stückchen heile Welt, wie wir sie auch in den ruhigsten Ecken pulsierender Großstädte nicht mehr finden. Annette von Rantzau, die auf dem Land bei Kappeln an der Schlei aufgewachsen ist, weiß diesen Wert zu schätzen: »Hier auf dem Land herrscht

ein völlig anderer Lebensstil, es geht viel legerer zu«, sagt sie und fügt hinzu: »Der Wechsel zwischen Stadt und Land, das ist der eigentliche Reiz.« Freiwilligen und übertragenen Verantwortungen stellen sie sich hier wie da, Frau von Rantzau ist Vizepräsidentin des Roten Kreuz in Hamburg. Da Rohlstorf das Patronat für das Kirchspiel Warder hat, haben die Rantzaus Rechte bei der Ernennung des Pastors. Ja, es gibt sie noch, die Reste der alten Ordnung auf dem Land. Und gepflegt werden sie auch.

Die Rantzaus führen ein offenes Haus, und Gäste sind gern gesehen. Heute sind es ein General und ein befreundeter Gutsbesitzer, denen das Revier für die Pirsch offen steht. Später, bei hereinbrechenden Dunkelheit, werden zwei Böcke auf den Rasen gelegt, sauber mit Blattschuss erlegt, einen Eichenbruch als »letzten Bissen« im Geäse, mit dem Waldhorn verblasen. Ein auf dem Lande ganz normaler und doch ein feierlicher Augenblick. Der Bock ist tot, die alten Jagdgebräuche leben.

Rohlstorf liegt nur 50 Kilometer von Hamburg entfernt, doch in diesem Augenblick ist zu spüren, wie weit in ihrem Denken und Handeln Stadt und Land manchmal voneinander entfernt liegen.

Mit ihrem Verständnis für Holsteins Land und Leute hier und Hamburgs Kunst und Kommerz dort können Heinrich und Annette von Rantzau eine Brücke schlagen, die beide Welten verbindet.

Ganz links: Nichts lässt darauf schließen, dass in diesen Räumen einmal Ackerwagen untergebracht waren: Esszimmer mit Kronleuchter und Kachelofen.

Mitte links: Tischlampe mit Frauenfigur im Wohnzimmer.

Mitte rechts: Jagd ist die Passion des Afrika-Reeders Heinrich von Rantzau. Dieses Leopardenfell jedoch ist ein Erbstück, das auf dem Sofa des Wohnzimmers liegt.

Unten links: Aus dem 16. Jahrhundert stammt das Giebelhaus am See. Ende 2000 wurde, nach langem Ringen mit dem Denkmalschutz, mit der Renovierung des historischen Gebäudes begonnen.

Heinrich und Annette von Rantzau mit Gutsverwalter Friedhelm Moritz vor dem Giebel des 500 Jahre alten Backsteinhauses.

Rohlstorf, das Juwel am See

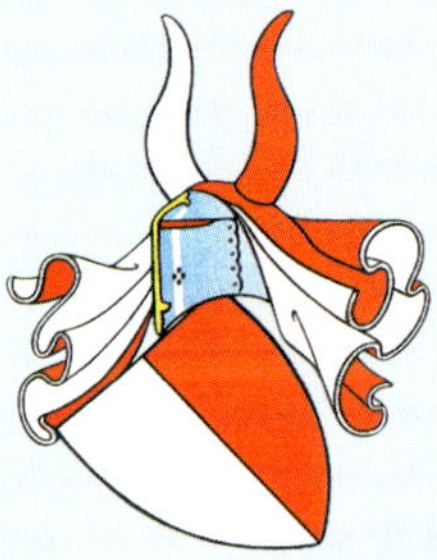

Das von Rantzau'sche Wappen mit den mächtigen Hörnern ist wohl das bekannteste aller adeligen Wappen in Schleswig-Holstein. Die Vorfahren dieser großen Familie haben auch in Rohlstorf ihre Spuren hinterlassen: In der zweiten Hälfte des 19. Jahrhunderts waren hier schon einmal von Rantzaus die Besitzer, aus der gräflichen Linie.

Heute befindet sich Rohlstorf, mit Ausnahme des an den Schulträger verpachteten Internates, in privatem Besitz – dessen Privatsphäre respektiert werden sollte. Die vielen vermieteten, von Städtern als Wochenendhäuser genutzten ehemaligen Landarbeiterkaten in Verbindung mit der großen Zahl von Wirtschaftsgebäuden geben dem Hof einen fast dörflichen Charakter. Da Hausherrin Annette von Rantzau sich dem Anliegen verschrieben hat, die Kunst im ländlichen Raum zu unterstützen, werden auf ihre private Initiative hin gelegentlich Ausstellungen, Musik und Theatervorstellungen auf Rohlstorf veranstaltet. Dafür steht eines der historischen renovierten Gebäude zur Verfügung. Wer die Räume nutzen möchte, sollte sich an die Gutsverwaltung wenden.

Auch wenn Rohlstorf Privatbesitz ist und viele der seenahen Flächen wegen der dort brütenden Seeadler unter strengstem Natur-

Jagdgerät in der Waldhütte.

Waidmannsheil: Die Jagdgesellschaft formiert sich, die Treiber tragen zum Schutz Rot.

Europas größter Greifvogel, der Seeadler, ist am Wardersee zu Hause.

In der Jagdpause wird eine heiße Suppe gelöffelt. Der Jagdherr trägt Eichenbruch.

schutz stehen, lohnt sich ein Besuch des Gebietes allemal. Rohlstorf liegt an der B 432, ein paar Kilometer hinter Bad Segeberg, und ist gut ausgeschildert. Allein die prächtige Lindenallee auf dem Weg zum Hof ist einen Besuch wert. Ringsum gibt es viele wenig befahrene Straßen zum Radfahren in herrlicher Natur. Nördlich von Bad Segeberg, bis hin zum Plöner See, ist Holstein besonders schön. Kinder freuen sich bestimmt über einen Besuch in den nahe gelegenen Segeberger Kalkberghöhlen oder bei den sommerlichen Karl-May-Festspielen. Rund um Bad Segeberg findet man an fast jedem Sommerwochenende ländliche Reitturniere.

Die Jagd steht auf Rohlstorf im Mittelpunkt, genauer die Jagd auf Dam-, Schwarz- und Rehwild. Sie beginnt Ende Oktober und endet Mitte Januar. Wild, das nicht selbst benötigt wird, geht in den Verkauf. Bekannt ist die Rohlstorfer Wurst aus Wildfleisch. Solange der Vorrat reicht. (Wer zu Rohlstorf Fragen hat, kann sich unter der Faxnummer 04559-700 an die Gutsverwaltung wenden).

In Rohlstorf ist die Jagdstrecke immer reichlich. Nicht erst seit BSE findet das Wildfleisch schnell einen Abnehmer.

Gut Rankendorf

AN DIE RÜCKKEHR NACH MECKLENBURG HAT ERNST BOBSIEN GEGLAUBT

Mit Trecker und Erntewagen floh die Familie Bobsien 1945 vom Familiensitz Rankendorf in den Westen. Im Mercedes kehrte Ernst Adolf »Archie« Bobsien 50 Jahre später zurück, an der Seite seiner Lebensgefährtin Cathérine. Mit seinem in Kanada erarbeiteten Vermögen konnte er das elterliche Gut im Klützer Winkel hinter Lübeck zurückkaufen. Heute ist das Haus wieder Mittelpunkt einer florierenden Landwirtschaft. Die Rankendorfer Jagd gilt als Höhepunkt der Saison.

Mit der Heimat im Herzen die Welt umfassen«, schrieb der Heimatdichter Gorch Fock. Ein Sinnspruch, wie gemacht für Ernst-Adolf Bobsien, 63, den seine Freunde »Archie« nennen. Aus dem elterlichen Rankendorf, in der platten Mecklenburger Landeinsamkeit, ist der Gutsbesitzersohn 1945 von den Russen nach Wedel bei Hamburg vertrieben worden. Auf der Suche nach neuen Herausforderungen reiste der Sohn mittellos nach Kanada, erwarb als Bauunternehmer ein Dollarvermögen und kaufte, ein halbes Jahrhundert nach seiner Flucht, die väterliche Scholle zurück. Heute pendelt Bobsien zwischen Rankendorf an der Ostsee und Vancouver am Pazifik, im Herzen schon wieder halb Mecklenburger und auch noch halb Kanadier. Eine Geschichte ohne Ende noch, aber durchaus happy.

Flach liegt das Land hinter dem ehemaligen Zonengrenzort Dassow, die kleine Seitenstraße sieht so aus, als führe sie nirgendwo hin. Nur Wolken, Wind und Wiesen, die Luft vibriert im Sommer vom Gesang der Lerchen, am Horizont ein paar rote Dächer. Eines ragt heraus. Das Gutshaus Rankendorf, die Mauern frisch geweißt, ein aufgeräumter Hof, ringsherum neu angelegte Ententeiche, Obstbäume, Rasenflächen, an der Vorfahrt ein Mast, von dem die kanadische Ahornflagge und der mecklenburgische Stier wehen. Das hat etwas Imposantes.

Hier lebt Ernst-Adolf Bobsien gemeinsam mit seiner Lebensgefährtin Cathérine, einer aparten, aus Lyon stammenden Literaturwissenschaftlerin, die sich tapfer dem Leben auf dem Land stellt. Das war wohl nicht immer ganz einfach. »Am Anfang war alles für mich neu, das Land, die Leute, die Sprache«, sagt sie in perfektem Deutsch und fügt hinzu: »Als wir zum ersten Mal hierher kamen, habe ich bei mir gedacht: Was habe ich bloß getan, um so etwas zu erleben? Ich wusste gar nicht, was Mecklenburg ist. Archie hatte ja auch so viel zu tun, seine ganze Aufmerksamkeit war von mir weggenommen. Aber ich habe durchgehalten, und heute bin ich froh darüber.«

In den letzten 100 Jahren hat es immer wieder wohlhabende Hamburger aufs Land gezogen. Bobsien, der mütterlicherseits von den Hamburger Überseekaufmannsfamilien Kramer und von Lössel stammt, baute 1904 zwei Häuser. Das eine Haus, Bellevue 26, direkt an der Alster, das andere in Rankendorf.

Vorhergehende Seite: Schwimmbad im Keller des Gutshauses. Die Technik hat der Hausherr selbst ausgetüftelt.

Nach 50 Jahren erstrahlt das villenartig erbaute Gutshaus von Rankendorf wieder in frischer Farbe. 2000 Quadratmeter Wohnfläche bieten reichlich Platz. Der Park drum herum wurde neu angelegt, nur die alten Eichen standen noch. Ernst Adolf Bobsien, hier mit seiner Lebensgefährtin Cathérine, hat seine Mecklenburger Heimat wiedergefunden.

Oben: Rankendorfs Teiche waren zu DDR-Zeiten mit Kohlenschlacke und Gülle gefüllt, heute schwimmen in dem frisch ausgehobenen Teichbett wieder Fische.

Rechts: Platz für eine große Jagdgesellschaft bietet der Saal von Rankendorf. Das Mobilar lieferte – Ikea.

Ganz rechts: Mittelpunkt des Hauses ist die eindrucksvolle Halle, die sich mit einer Holzballustrade über drei Stockwerke erstreckt.

Auf 2000 Quadratmetern Wohnfläche ist Platz für zahlreiche Gäste. Sie empfängt eine große, alle Stockwerke einbeziehende Halle, die von einer auf Pfeilern stehenden Kiefernholzbrüstung umgeben ist. Oberlicht erhellt den Raum. Dem Eingang gegenüber liegt ein hoher, mit grünen Kacheln besetzter Kamin mit dem Familienwappen der Bobsiens. Die Wände sind übersät mit Jagdtrophäen: Geweihe, ausgestopfte Köpfe von Mufflons, ein präparierter Lachs, die Decken von Kojoten und Bären, dazwischen das gemalte Porträt des faltigen Indianer-Häuptlings Tribal Wisdom. »Viele Besucher fragen mich, ob das meine Oma ist«, lacht Bobsien. »Ich sag natürlich immer Ja.«

Es ist wohl weniger die Sparsamkeit als Pragmatismus: Das Gutshaus ist mit Möbeln von Ikea eingerichtet. Die große Tafel in der Halle, die Stühle mit den hohen Rückenlehnen im Esssaal, in dem Bilder der Vorfahren an der Wand hängen. Teppiche und Kronleuchter wurden im Hamburger Auktionshaus Schopmann ersteigert. Auch die Vorhänge mit Rosenmotiven haben den Weg über See genommen. Bobsien: »Der gefiel uns so gut. Wir haben etwa 200 Kilo Vorhangstoff im Flugzeug mitgebracht.«

Auf seine Einbauten im Tiefparterre ist Hausherr Bobsien besonders stolz, denn hier hat er, gleich neben der alten Küche mit den riesigen eisernen Herden, einen Swimmingpool mit Fitness-Anlage und Sauna installiert. Wahrscheinlich wird hier auch gebadet, aber zunächst sind es die technischen Details, die Tüfteleien, die den Hausherrn faszinieren. Etwa die Foliendecke, die den Raum nach oben gegen Schwitzwasser schützt, eine neue Erfindung.

In einer benachbarten Scheune steht Bobsiens Sammlung von derzeit acht Ackerschleppern, alles Giganten der Marke Lanz Bulldog. Eine Tür weiter stehen moderne Trecker mit 230 PS und übermannshohen Reifen. Diese Geräte schaffen es mit ihren siebeneinhalb Meter breiten Schneidwerkzeugen, selbst Getreidefelder von mecklenburgischen Dimensionen an einem Tag flach zu legen. Das ist auch nötig, denn in Rankendorf stehen 650 Hektar Land unter

19 04

dem Pflug: Raps, Gerste, Weizen, Zuckerrüben, dazu 250 Hektar Wald und Wiesen.

Der Boden ist »eher mittelmäßig«, wie Bobsien sagt. Sorgen machen ihm die vielen Steine auf dem Feld. »Wir sammeln jedes Jahr rund 1000 Tonnen Steine weg. Darum beneidet uns niemand.« Neben dem Hausmeister-Ehepaar Erich und Lieselotte Gladasch (»Oh Gott, wenn wir die nicht hätten!«) sind ein Verwalter und drei Arbeiter auf dem Hof beschäftigt. Kürzlich ist noch ein Jungförster hinzugekommen, denn der Jagd gilt Bobsiens Hauptinteresse. Sie ist besonders wegen ihres Muffelwilds interessant, einer Wildschafart, die ein wenig an Steinböcke erinnert. Die Hausherrin hingegen ist keine Jägerin. »Ich rette jede Spinne«, sagt sie und ergänzt nach einer kleinen Pause und einem liebevollen Blick auf ihren Lebenspartner: »Aber ich respektiere die Jagd.«

Rankendorf ist Ernst-Adolf Bobsien nicht zugefallen. Nachdem die Familie den Hof im Mai 1945 verlassen musste (auf einem Erntewagen, der von einem Lanz Bulldog gezogen wurde), war Rankendorf das erste Gut in der Gegend, das von den Kommunisten »aufgesiedelt und den werktätigen Bauern übergeben« wurde, wie es auf einer Tafel heißt, die heute noch im Büro aufbewahrt wird. Das war am 2. Oktober 1945. Am 25. Mai 1987 besuchte Bobsien seine Heimat, um seinen 50. Geburtstag zu feiern. Auf abenteuerlichem Weg gelang es ihm, sich zu seinem elterlichen Hof in der DDR durchzuschlagen. Heimlich traf er dort Hofbewohner, die ihn noch von früher kannten. »Diese Menschen«, erzählt er, »hatten gute Erinnerungen an meine Großeltern und Eltern und lebten mit ihren Gedanken immer noch in der Vorkriegszeit. Im Gutshaus war ein Altersheim untergebracht, rund um das Gebäude standen Schuppen und Verschläge, mitten auf den Zufahrtsweg hatte man ein Gebäude gestellt, um der Vorfahrt das Großzügige zu nehmen. Einer der Teiche war mit Jauche voll gelaufen, ein anderer war mit Braunkohlenasche aufgefüllt. Furchtbar.«

Als die DDR zwei Jahre später an ihrem eigenen Elend zugrunde gegangen war, nahm Bobsien die Gelegenheit wahr, den Hof von der Treuhand und den dort lebenden Siedlern nach und nach zurückzuerwerben. Die Aussicht der Siedler auf eine schnelle Mark für ihre Gärten war dabei sicher hilfreich, die mecklenburgische Sturköpfigkeit immer wieder eine Bremse. Aber Mecklenburger ist Bobsien schließlich selber, und einen Mann, der fertige Häuser von einem Ende Kanadas zum anderen versetzt hat, hält so etwas nicht auf. Das Land kam zurück in seine Hand, die Teiche wurden gesäubert, durch ein ausgetüfteltes Rohrsystem vernetzt und über ein nahes Moor mit frischem Wasser versorgt. Heute schwimmen hier wieder Karpfen und Schleie. »Das Haus mussten wir vollständig von der alten DDR-Farbe befreien, denn moderne Farben hielten darauf nicht«, erzählt Bobsien. »Leider hatte das Haus inzwischen eine Weile leer gestanden und war weiter verfallen. 16 Öfen haben das Haus geheizt. Jetzt gibt es eine Öl-Zentralheizung.«

50 Jahre dauerte es, bis Rankendorf seine alte Ordnung wiederfand. Ernst-Adolf Bobsien hat sich seinen Optimismus nie nehmen lassen. Rückblickend sagt er: »Ich wusste immer, ich komme zurück. Ich wusste nur nicht, dass es so lange dauern würde.«

Ernst A. Bobsiens Großvater Karl stand im Rang eines Majors. Trecker gab es zur Jahrhundertwende noch nicht, aber jede Menge Pferde. Ritt der Großvater aus, glichen Pferd und Reiter mit ihren perfekten Proportionen einem Denkmal.

Links: Karl Bobsien – die Ähnlichkeit des Majors zu seinem Enkel ist unverkennbar.

Ganz links: Historische Ackerschlepper der Firma Lanz Bulldog sind die Leidenschaft von Ernst A. Bobsien. Acht Exemplare werden in einer alten Remise von Rankendorf aufgearbeitet und gepflegt. Dank seiner technischen Begabung weiß der Hausherr selbst mit anzupacken.

Gut Rankendorf, eine Welt für sich

Rankendorf zu finden ist gar nicht so einfach. Das Gut liegt im Herzen des als besonders gutes Ackerland geltenden Klützer Winkels, wo Mecklenburg an die Lübecker Bucht trifft. Wer von Hamburg kommt, fährt am besten über Travemünde und setzt dann mit der Fähre über zum Priwall. Über Kalkhorst (die schönere Strecke) oder über Dassow biegt man dann nach Rankendorf ab. Das Gut ist Teil des Dorfes, die Grenzen des Eigentums verschwimmen hier etwas. Wer den unmittelbar privaten Bereich um das Haus respektiert, kann sich hier gerne einmal umsehen. In der schönen, hügeligen und bewaldeten Landschaft kommen sowohl Wanderer wie Fahrradfahrer auf ihre Kosten. Ein Ausflug mit den berühmten Lanz-Bulldog-Treckern bleibt allerdings den persönlichen Freunden Bobsiens vorbehalten. Diese schon seit den zwanziger Jahren gebauten wuchtigen Ackerschlepper mit dem 1-Zylinder-Glühkopfmotor lassen sich mit allem antreiben, was flüssig ist und brennt – sogar mit Butter. Dafür muss allerdings der Glühkopf zunächst mit einem Brenner zum Glühen gebracht werden.

Wer rund um Rankendorf spazieren geht, kann das (eher unwahrscheinliche) Glück haben, eine der in Deutschland seltenen und sehr scheuen Mufflon-Herden in freier Wild-

Lanz Bulldogs sind historische Ackerschlepper und die ganze Liebe des Hausherren. So, wie heute seine Gäste gefahren werden, floh seine Familie einst in den sicheren Westen.

1839 erbaut, 1890 in klassizistischen Stil umgebaut, einst im Besitz der Edlen Herren von Paepke, heute Hotel: Luetgenhof.

bahn zu entdecken. Dieses kräftige, rötlich getönte Wildschaf stammt aus Korsika und Sardinien und ist erst seit etwa 100 Jahren im Norden heimisch. Jäger und Naturschützer liegen sich nun darüber in den Haaren, ob das Wild bleiben darf oder nicht. Rund um Rankendorf jedenfalls gibt es einen sorgsam gepflegten, recht großen Bestand an Mufflons, der bei winterlichen Drückjagden reduziert wird.

Wer sich im Klützer Winkel bis zur Ostsee hoch umsieht, wird erstaunt sein, wie viele prächtige alte Gutshöfe und Herrenhäuser hier renoviert wurden oder gerade restauriert werden. Die Bobsiens besuchen gern das benachbarte Luetgenhof an der B 105 (Lübeck–Wismar). Das eindrucksvolle klassizistische Gebäude gehörte einst der Familie von Paepke und wurde erst kürzlich zu einem Schlosshotel mit Restaurant eingerichtet. Die Küche entspricht dem gehobenen Standard, den das Haus von außen verspricht. Allerdings fragt man sich, wie Häuser dieses Zuschnitts in der Einsamkeit genügend zahlungskräftige Gäste finden wollen. (Ulmenweg 10, 23942 Dassow, Tel. 038826-825-0 Fax –22)

In Rankendorfs kleiner Nachbargemeinde Roggensdorf steht eine alte Windmühle, die leider keine Flügel mehr hat, dafür aber ein im Aufbau befindliches Steinzeitmuseum. Den dort tätigen Geologen greift Bobsien finanziell ein bisschen unter die Arme.

Ein paar romantische Ecken findet man am Dassower See, einer östlichen Ausbuchtung der Trave, wo im ehemaligen Zonengrenzgebiet ein paar Fischerboote festgemacht haben. In diesem Gewässer laben sich wohl auch die vielen Wildgänse und Graureiher, die man rund um Rankendorf fast das ganze Jahr über sieht.

In Rankendorf erlegt: Ein kapitaler Mufflon-Widder, ein Verwandter des Schafes.

Schloss Weissenhaus

DIE GESCHICHTE DER GRAFEN VON PLATEN HALLERMUND

Das prächtige Herrenhaus an der Hohwachter Bucht ist der Öffentlichkeit heute weitgehend zugänglich – und hat sich doch den Charme des Privaten bewahrt. Mit Geschick nutzt die gräfliche Familie das große Gebäude und den weitläufigen Park für Gastronomie und Tourismus. Die Landwirtschaft wird vom benachbarten Frederikenhof aus geführt. Eine besondere Spezialität sind die Erdbeeren.

Als wäre der vielleicht beste Erdbeerkuchen Holsteins nicht Grund genug, einen Abstecher nach Schloss Weissenhaus in Ostholstein zu machen. Tatsächlich ist es aber nur einer von vielen Gründen, eine der eindrucksvollsten und weitläufigsten Parkanlagen des Landes zu besuchen. Das noch ganz im historischen Ambiente eingerichtete neobarocke Herrenhaus von 1896 wäre ein weiterer Anreiz. Auch das im Schlosskeller angesiedelte Restauraunt zählt dazu, durchaus ein Lichtblick im kulinarisch nicht besonders verwöhnten Ostholstein. Schließlich ist der über endlose Rasenflächen streifende Blick hinunter zum Wasser der Hohwachter Bucht eine Reise wert. Wer es beschaulicher liebt, kann sich im gerade eröffneten Rosengarten der duftenden Flora widmen.

Weissenhaus hat offene Türen, denn es ist weitgehend

Vorhergehende Seite: Mit Reichsadler und Siegel bestätigte Kaiser Wilhelm II. am 19. April 1912 noch einmal, wozu die Platen Hallermunds seit 1689 berechtigt sind: die Führung eines Grafentitels.

Links: Der rote Ritter, Ahnherr der Grafen von Platen Hallermund, blickt auf seine Nachkommen herab: Erik Graf von Platen Hallermund, seine Frau Henriette und die beiden Kinder Sebastian und Amelie in der Eingangshalle von Weissenhaus.

Rechts: Dichter und Wanderer: August von Platen (1796 – 1835), geboren als Karl August Georg Maximilian Graf von Platen-Hallermünde, gehört zu den Vorfahren.

kommerzialisiert. »Wir haben die Flucht nach vorne angetreten«, sagt der Eigentümer, »weil es sehr schwer ist, so einen Besitz zu erhalten. Meine Familie lebt schon lange im benachbarten Frederikenhof, dem so genannten Vorwerk. Dort war früher der Gutsverwalter untergebracht. Als vor fünf Jahren meine Mutter starb, haben wir das Herrenhaus für exklusive Feiern und Veranstaltungen geöff-

Vorhergehende Seite: Weissenhaus wird seinem Namen gerecht. Die helle Fassade strahlt über dem Grün des gepflegten Rasens, auf dem im Sommer Kaffeegäste sitzen. Von der Freitreppe aus kann man am Ende des Parks die blaue Ostsee glitzern sehen.

Rechts oben: Im Aufgang von der Halle hängt das Porträt von drei Damen. Eine Treppe höher wartet das Café mit dem Tortenbuffet.

Rechts: Ein einsamer Radfahrer im Weissenhäuser Park mit seinem alten Baumbestand. Die Ostsee ist nur einen Steinwurf weit entfernt. Haus und Park stehen dem Gast offen, sie strahlen, bei aller touristischer Betriebsamkeit, immer noch eine große Würde aus.

net und ein Restaurant, ein Café und eine Boutique für Andenken eingerichtet.«

Der Eigentümer von Weissenhaus heißt Erik Graf von Platen Hallermund. Gemeinsam mit seiner Frau Henriette, geb. von Gellhorn, einer aus Schlesien gebürtigen Juristin, und dem jüngsten Sohn Sebastian sowie der Tochter Amelie leitet er das Familienunternehmen, in dem rund 30 Mitarbeiter tätig sind. Das ist keine kleine Aufgabe, denn zu Weissenhaus gehört noch ein 1250 Hektar großer Betrieb mit 600 Hektar Ackerland, rund 500 Hektar Forstwirtschaft und knapp 20 Hektar Erdbeer- und Süßkirschenplantagen. Polnische Saisonarbeiter, ganze Familien, sind gerade im Erdbeer-Ernteeinsatz. Manche Ehepaare fahren nach vierwöchiger Akkordarbeit mit 15.000 Mark nach Hause, genug um sich in der Heimat eine Existenz aufzubauen. »Einheimische Erntehelfer finden wir nicht«, wundert sich der Graf, »obwohl die Arbeitslosigkeit in Ostholstein recht hoch ist.«

Obwohl die Besucher von Weissenhaus gelegentlich in Omnibussen herangefahren werden und der benachbarte Badeort Weissenhäuser Strand eher dem preiswerten Tourismus huldigt, hat das Schloss seine Würde nicht verloren. Die privaten Räume im Parterre sind nur ausgewählten Gästen geöffnet und noch genau so eingerichtet, wie man sie in einem Herrenhaus erwartet: In der großen Halle lodern zwei helle Kaminfeuer, venezianische Wandgemälde von 1600 mit Schlachtenszenen umrahmen die liebevoll gedeckte Tafel des Esszimmers, alter Familienadel blickt stolz von den Wänden. Wer die Räume für besondere Familienfeiern oder Empfänge mietet, spürt, dass er sich den Zutritt letztlich nicht erkaufen kann. Er wird sich immer nur als Gast fühlen und dabei Respekt vor dieser mehrhundertjährigen Familientradition empfinden.

Die von Platens, in Norddeutschland recht zahlreich vertreten, stammen allesamt von Rügen, wo sich der »roter Ritter« genannte Erasmus Freiherr von Platen (1596–1663) als Stammvater des Hauses wacker durch den 30-jährigen Krieg schlug. Am Kopfende der Halle hängt ein Bild des Kriegers im roten Rock, daneben seine Frau Margarethe von Alvensleben. Später verschlug es die Platens nach Erxleben bei Hannover. Ein Platen war wesentlich an den Verhandlungen beteiligt, die dazu führten, dass aus dem Kurfürsten von Hannover König Georg I. von England wurde. Aus Dank dafür wurde Platen in den Grafenstand erhoben, erhielt den Zusatz Hallermund und eine Pfründe: das Postrecht für Norddeutschland. Das ist immerhin 260 Jahre her. Sein Nachfahre, Erik Graf von Platen Hallermund erzählt: »An der Post gab es so viel Geld zu verdienen, dass den König die Schenkung reute und er die Rechte zurückkaufte. Von diesem Geld erwarben meine Vorfahren die Ländereien in Ostholstein. Immerhin darf sich seither der jeweils älteste Sohn als Generalerbpostmeister von Hannover bezeichnen. Leider bekomme ich dafür nicht einmal eine Briefmarke umsonst.«

Schloß Weissenhaus in seiner heutigen Form wurde allerdings erst 1896 von Carl J. Graf von Platen erbaut, der als Königlich Preussischer Rittmeister, in Breeches gestiefelt, recht selbstbewußt von der Wand blickt und 1919 als Folge einer verschluckten Zigarette das Zeitliche segnete. Seinem Enkel steht ein anderer, weitaus berühmterer entfernter Onkel sehr viel näher. August Graf von Platen (1796-1835), dem Dichter der Ballade »Das Grab am

Busento«, ist im ersten Stock von Weissenhaus ein kleines Museum gewidmet.
Ein Teil dieses Museums erinnert an eine andere Wohltat derer von Platen. Der Vater des heutigen Grafen verwirklichte in Weissenhaus 1953 einen alten Traum. Als Freund des großen Pädagogen Kurt Hahn gründete er eine Kurzschule nach dem Vorbild der englischen Outward-Bound-Bewegung, wo junge Leute in dreiwöchigen Kursen unter dem Motto »Dienst am Nächsten, Dienst am Frieden« eine Mischung aus Abenteuerurlaub und Sozialerziehung erlebten. Kurt Hahn war der *spiritus rector* des schottischen Eliteinternats Gordenston, in dem der britische Thronfolger Prinz Charles erzogen wurde. Sein Vater Prinz Philip, Anhänger der Hahn'schen Erziehungsprinzipien, besuchte aus diesem Grund auch Weissenhaus. Ein Foto

Als so genanntes Vorwerk war der Frederikenhof einst das Haus des Gutsverwalters von Weissenhaus. Heute dient der schmucke Backsteinbau der Grafenfamilie als Privathaus, es liegt in unmittelbarer Nachbarschaft.

erinnert daran. Es wurde von einem Vetter des Grafen aufgenommen, dem später berühmten »Stern«-Fotografen Thomas Höpcker.

Erst 1975 schloss die Kurzschule Weissenhaus. Bis dahin waren rund 25.000 junge Leute mit dem Gedanken internationaler Völkerverständigung vertraut gemacht worden.

Erik Graf von Platen Hallermund, Jahrgang 1937, ist ein Mann von liebenswürdig nobler Zurückhaltung und jener freundlichen Gelassenheit, die ein ausgefülltes Leben, eine leidliche Gesundheit und das Wissen um eine geregelte Familiennachfolge – drei Söhne und eine Tochter hat die Ehe hervorgebracht – erlauben. Während die Gräfin, nebenher engagiert beim Roten Kreuz und in der Kirchenarbeit, mit sicherer Hand den Schlossbetrieb überwacht und Sohn Sebastian Weizen und Beeren im Auge behält, findet der Graf mehr Zeit, sich seinen alten und neuen Leidenschaften zu widmen: der Natur, den Alleen, den Blumen. Und natürlich seinen kommunalen Verpflichtungen im Rat der Gemeinde Wangels, als stellvertretender Vorsitzender des Wasser- und Bodenverbandes Ostholstein und Patron der Kirchengenmeinde.

Im Mittelpunkt aber steht die Natur, die ihm »viel bedeu-

Geschützt von Wald und ehemaligem Backhaus hat Graf von Platen Hallermund einen Rosengarten mit heimischen Rosensorten anlegen lassen. Dieser stillen Ecke gehört seine besondere Liebe.

tet«. In geschützter Lage nahe dem Schloss wurde gerade ein Rosengarten eröffnet. »Das«, so der Graf, »soll eine zusätzliche Attraktion sein. Mit Hilfe der für ihre schönen Rosen bekannten Gärtnerei Cordes haben wir eine kleine Barockanlage geschaffen. Hier wollen wir besonders robuste heimatliche Rosen zeigen, die unser Klima aushalten.«
Während er langsam die Kieswege des duftenden Gartens entlangwandert, weiß er alle Sorten zu benennen: Superstar und Queen Elizabeth, Frisea und Goldene Holstein, Lilli Marleen, La Paloma und Andalusien, die ihm die liebste unter den Rosen ist. Gleich nebenan sieht man das eiserne Gerippe eines 100 Jahre alten englischen Treibhauses stehen. »Die Restaurierung wird um die 100.000 Mark kosten«, sagt der Graf. »Das ist viel Geld. Aber nördlich von Hannover gibt es so was nicht noch mal.«
Auf der anderen Seite des Schlosses wartet bereits ein neues Projekt, dessen Finanzierung, so der Graf, gesichert scheint. »Die Telekom hat hier in der Nähe einen Funkmast aufgestellt. Von den Ausgleichszahlungen für den Naturschutz wollen wir eine neue Lindenallee anpflanzen, die für die nächsten acht Generation hält. Als Waldbesitzer muss man lange vorausdenken.«
Auch die Anlage eines Barockgartens hofft Graf Platen mit Hilfe einer Gärtnerei verwirklichen zu können. Ein so großer, im Wortsinn herrlicher Besitz ist ebenso Ansporn wie Verpflichtung, gerade für jemanden, der sich seiner Heimat so verbunden fühlt wie dieser Freund der Natur. So führt ihn denn auch kein Gedanke fort von dem Haus und dem Hof, auf dem er sein ganzes Leben verbracht hat. Vielleicht zweimal im Jahr fährt er mit seiner Frau zum Einkaufen nach Hamburg, die große Stadt liegt keine zwei Stunden Autofahrt entfernt. Aber schließlich, so der Graf: »Was sollen wir woanders? Wir wohnen ja hier, wo andere Leute Urlaub machen.«

Schloss Weissenhaus an der Ostsee

www.schloss-weissenhaus.de

Ja, die Platens sind zwar eine alte Familie, aber technisch auf dem letzten Stand. Wer einen Ausflug hier an die Hohwachter Bucht plant, sollte sich zunächst das aktuelle Programm des Hauses aus dem Internet laden. Und Programm ist in Weissenhaus das ganze Jahr über: ein gutes Restaurant im Keller, ein Café im ersten Stock, Erdbeertorte und Erdbeerverkauf im Garten (Mein Gott, was für schöne Erdbeeren!), Austellungen, Konzerte, Andenkenverkauf, Tannenbaumschlagen zur Adventszeit, Baden in der Ostsee, oder gleich eine Ferienwohnung auf dem Gutsgelände mieten (die Wohnungen in der ehemaligen Schmiede – »Haus Eitz« – liegen direkt am Meer), dazu eine kleine Ausstellung über die Geschichte der Kurzschule Weissenhaus und einige Hinterlassenschaften des Dichters August von Platen (1796-1835) ansehen. Das hebt die Allgemeinbildung.

»Nächtlich am Busento lispeln, bei Cosenza, dumpfe Lieder,/Aus den Wasser schallt es Antwort, und in Wirbeln klingt es wider!/Und den Fluss hinauf, hinunter, ziehn die Schatten tapfrer Goten,/Die den Alarich beweinen, ihres Volkes besten Toten«, reimte Platen in seinem bekanntesten Werk, der Ballade »Das Grab am Busento«. Er liebte Italien mehr als den Norden. Sei's drum.

Und wo wir gerade beim Reimen sind: Ganz in der Nähe liegt, direkt an der B 202 (Oldenburg–Lütjenburg, Anfahrt über die Autobahn A1 Lübeck–Fehrmarn), die kleine Hochzeitskirche Hohenstein von 1840. Hier kann man sich trauen lassen (Pastor Eggert Tel. 04381-2380) – und anschließend in Weissenhaus stilvoll feiern. In der Kirche findet sich ein geschnitztes Bibelmotiv, Jesus mit den Soldaten, das anno 1697 von Bertram von Pogwisch, Amtmann zu Tondern, gegeben wurde: Pogwisch, das Vorbild zu jenem bösen dänischen Steuereintreiber Henning von Pogwisch, den Detlev von Lili-

Die gute Schlossküche kann etwas vorweisen: zum Beispiel einen frischen Steinbutt.

Nach der Trauung ins Schloss: Wer wird ein Dinner in solchem Rahmen je vergessen?

encron in seiner Ballade »Pidder Lüng« (Lewwer duad üs Slaav) sagen lässt: »Heut fah' ich selbst hinüber nach Sylt/und hol' mit mit eigener Hand Zins und Gült./Und kann ich die Abgaben der Fischer nicht fassen,/sollen sie Nasen und Ohren lassen.« Wir wissen, wie die Geschichte ausging. Amtmann Pogwisch wurde von dem Sylter Fischer Pidder Lüng in der kochenden Kohlsuppe ertränkt, worauf das Kriegsvolk die ganze Insel brandschatzen ließ; die Geschichte zeigt, wie tief der Riss zwischen dem freien Bauerntum der Westküste und dem adeligen Land an der Ostküste einst gewesen ist.

Gleich nebenan von Weissenhaus liegt das Ferienbad Weissenhäuser Strand mit seinem Spaßbad und dem Massentourismus für den groberen Geschmack. Der Gegensatz könnte kaum größer sein. Planen Sie eine Strandpartie, weichen Sie nach Westen aus, den Sehlendorfer Strand erreichen Sie zu Fuß – weit und breit keine Pommes-Bude, vorn Strand, hinten Felder .

Hochzeitkirche Hohenstein.

PS: Wem die Rosen in des Grafen Garten gefallen, er hat sie vom Rosenzüchter Cordes erhalten. (www.rosen-cordes.de)

Weissenhaus ist auch über Telefon (04382-352) und Fax (-1432) zu erreichen.

Altarbild von Hohenstein.

Grönwohldhof

FAMILIE CLAUSEN TAUSCHTE DAS STADTHAUS GEGEN EIN LANDHAUS

Um ihren Kindern eine glückliche Jugend auf dem Land zu bieten, zogen der Notar und die Ärztin ins östliche Umland von Hamburg. Das einstige Landhaus des berühmten Hamburger Reeders Woermann liegt zwischen Teichen und Feldern ganz in der Natur. Arbeiten in der Stadt und leben auf dem Land: So schön kann es sein.

Vorherige Seite: Antiquitäten aus Skandinavien sind die besondere Spezialität von Dr. Kathrin Clausen. Diese alte Standuhr und die Stühle gehören dazu.

1911 starb der hanseatische Kaufmann und Afrikareeder Adolph Woermann hier auf Grönwohldhof. Er war Berater Bismarcks, dessen Gut im Sachsenwald nur ein paar Kilometer entfernt liegt. Die Architektur von Grönwohldhof liegt in der Mitte von Gutshaus und großem Stadthaus.

Es gibt Landhäuser in Holstein, die sind geprägt vom Rauschen der Wälder, vom Plätschern verschwiegener Seen, vom Wiehern der Pferde oder dem Schrei der Wildgans. Auf Grönwohldhof gibt es von allem ein bisschen. Aber am lautesten ist das Kinderlachen – und manchmal das Weinen. Henry, Stella, Victor und Gloria, der Älteste acht, die Jüngste drei Jahre alt, sind die Kinder von Dr. Gerhard und Dr. med. Kathrin Clausen. Der Notar mit Kanzlei am Neuen Wall in Hamburgs City und die Ärztin, spezialisiert auf Radiologie, haben Hamburg 1994 den Rücken gekehrt und sich mit Pferden, Ziegen und Katzen im Kreis Stormarn niedergelassen, um ihren Kindern die Rahmenbedingen für eine glückliche Jugend auf dem Land zu schaffen. Sie haben dafür ein Haus gefunden, das auf eine ganz besondere Weise mit Hamburg verbunden ist. Grönwohldhof besteht heute aus zwei Komplexen. In der Reiterei weltberühmt ist die benachbarte Reitanlage, im Besitz der aus Berlin stammenden Familie Schulte-Frohlinde, im Wesentlichen ein riesiger Stall- und Hallenkomplex, Heimat des Dressurblut-Vererbers »Donnerhall« und der Dressurreiterin Karin Rehbein, die zu den besten der Welt gehört. Ein paar Schritte weiter liegt das Herrenhaus Grönwohldhof, durch eine Backsteinmauer und ein schmiedeeisernes Tor von den Nachbarn getrennt, führt ein Kiesweg zu dem hellweiß gestrichenen, zweiflügeligen Bau. Den Mittelteil dieses Hauses ließ sich 1797 der Hamburger Senator Johann Diederich Luis bauen, eine Gartenanlage mit Treibhaus, Gärtnerwohnung und Badehaus drum herum. Kein Gutshaus, sondern ein großbürgerlich-repräsentatives Wohnhaus. Nach wechselvoller Geschichte erwarb 1905 der berühmte Reeder und Kaufmann Adolph Woermann, einst Berater Bismarcks und Mitbegründer des heute als Deutsche Afrika-Linien bekannten Schiffahrtsunternehmens, das Haus. Woermann, genannt der »königliche Kaufmann«, starb am 4. Mai 1911 hier auf dem Grönwohldhof. 1926 war der Kapitän zur See Karl Boy-Ed, Sohn der damals sehr bekannten Schriftstellerin Ida Boy-Ed, neuer Eigentümer des Hauses, und 1965 erwarb ein Mitglied der Kaufhausdynastie Brenninckmeyer (C&A) das Anwesen.

1994 war es dann wieder ein Hamburger, der Grönwohldhof bezog. Dabei steht Dr. Gerhard Clausen, 52, durchaus in der maritimen Tradition seiner Vorgänger. Als Sportsegler segelte er einst einhand, das heißt mutterseelenallein, mit einer Rennyacht in die Südsee, und noch heute kann man ihm auf seinem Hochsee-Flitzer »Fritzzfratzz«, einem extrem schnellen Mehrrumpfboot, auf der Ostsee begegnen. Mit seiner Frau Kathrin verbindet ihn allerdings die Liebe zu Pferden; er selbst ist Jagdreiter hinter der Meute, sie eine vorzügliche Dressurreiterin.

Grönwohldhof ist ein gastliches Haus, in dem oft Freunde aus dem nahen Hamburg zu Besuch sind. Wer das Herrenhaus betritt, findet sich in einer großen Eingangshalle wieder, die so gar nichts Traditionsbeladenes hat, sondern mit einem großen Designertisch aus Marmor und Kirschholz, einem schnieken Marmorkamin und Bildern alter holländischer Meister an der Wand eher sparsam möbliert, eine Mischung aus Klassischem und Modernem bietet. In den Wohnzimmern, gleich rechts, wird das noch deutlicher. Einige hübsche kleine Expressionisten an der Wand, Sofas von Eileen Grey, ein Barschrank in Art déco, 200 Jahre alte Antiquitäten aus Skandinavien, ein weiteres Zimmer ist ganz in Blau mit weiß gefassten skandinavischen Möbeln eingerichtet. Über dem Kamin findet man, fast wird es

Familienbild mit Ziege und Pony: Kathrin und Gerhard Clausen und Kinder Gloria, Victor, Henry und Stella. Der Park wurde von seinen neuen Besitzern völlig neu gestaltet, dafür musste ein Grashügel vor dem Haus abgetragen werden.

übersehen, ein Segelschiff als Wandschmuck, wohl eine Hinterlassenschaft der Woermanns.

Die Bilder sind eine Leidenschaft von Gerhard Clausen. Er erzählt: »Expressionisten gilt meine besondere Liebe. Aber die kleinen Bilder, die ich mir leisten kann, gehen in diesen großen Räumen völlig verloren. Deshalb habe ich mich entschieden, dekorative holländische Meister zu sammeln. Wenn man von den ganz bedeutenden Künstlern dieser Periode absieht, lassen sich diese Bilder preislich durchaus realisieren, und sie sind so groß, dass sie hier einen guten Platz finden.«

Seine Frau Kathrin interessiert sich besonders für Möbel, und hier wiederum für Klassisches aus Skandinavien. Sie sagt: »Ich habe eine Reihe Einrichtungsbücher über schwedische Herrenhäuser gelesen. Wir sind dann ab und zu nach Schweden gefahren und haben unsere Möbel direkt vor Ort gekauft. Das Blaue Zimmer ist mein Lieblingszimmer.« Backstein und Buchenholz herrschen in der Küche vor, die Kathrin Clausen gern ihren beiden Aupairs überlässt. Sie gibt zu: »Spargel mit Räucherschinken ist das Einzige, was ich kochen kann.« Ihr Mann fügt lachend hinzu, dass der »Truthahn mit Cognac gespritzt auch gar nicht schlecht« sei.

Der Eindruck der Großzügigkeit, mit dem Grönwohldhof besticht, wird durch einen optisch gelungenen Trick erreicht: eine quer durch Haus und Park führende Sichtachse. Von der Haustür her lässt sich das ganz Haus durchblicken, quer durch die Halle, durch die verglaste Veranda, über eine weite Rasenfläche, die von gewaltigen alten Bäumen flankiert wird, führt diese Sichtachse zu einem großen Teich und wird schließlich durch einen entfernt liegenden Wald beschlossen. Clausen: »Kurz nachdem wir das Haus gekauft hatten, war mir ein besonders schönes Bild angeboten worden. Ich habe lange gezögert. Statt das Bild zu kaufen, haben wir das Geld dann doch lieber in die Wiederherstellung des Parks gesteckt. Um diese Sichtachse zu schaffen, mussten wir einen Ziegenstall umsetzen, eine Lehmkuppe abtragen, ein verwildertes Stück Unterholz roden, die zum Teil sehr alten Bäume mit Drähten abfangen und Kieswege anlegen. An dem Park erfreue ich mich jeden Tag.« Drei Hektar umfasst das Gelände, zwei Hektar Pferdeweiden sind hinzugepachtet.

Die Clausens hatten bei ihrer Hochzeit zunächst in Hamburg in einem Stadthaus in der Alten Rabenstrasse nahe der Alster gewohnt. Gerhard Clausen: »Dort waren wir von Büros umgeben, es wohnen dort nur wenige Familien mit Kindern, und am Wochenende waren wir von Spaziergängern umzingelt. Deshalb haben wir zunächst nach einem Wochenendhaus gesucht. Während eines Urlaubs auf Sylt hat meine Frau dann in der »Welt am Sonntag« eine Anzeige entdeckt, in der Grönwohldhof angeboten war. Da haben wir zugegriffen – und sind gleich ganz aufs Land gezogen. Bis in die City sind es ja nur 35 Minuten.«

Kathrin Clausen, die aus dem ländlich geprägten Stadtrand von Lüneburg stammt, ihr Vater war Chefarzt in Lüneburg, und mit Pferden aufgewachsen ist, ergänzt: »Wir haben diese Entscheidung noch keine Sekunde bereut. Schöner als hier kann man es nicht haben. Im Sommer verreisen wir kaum.« Wäre da nicht dieses Segelboot, die »Fritzzfratzz«, die sich jedenfalls nur im Sommer bewegen lässt und den fanatischen Einhandsegler Clausen immer wieder aus der ländlichen Idylle aufs wilde Meer

Parkettfußboden, moderne Möbel, alte Meister, Marmorkamin – in der zentral gelegene Haupthalle kommt alles zusammen. Hinter der Sprossenfensterwand liegt ein Wintergarten, die Ausrichtung nach Süden sorgt für viel Sonne. Über dem Kamin das Modell eines Segelschiffes. Der Deckenschmuck ist ein Relikt aus der Zeit Woermann.

Wie gut unterschiedliche Stilrichtungen bei der Ausstattung des Hauses zusammenpassen, zeigt diese Auswahl von Innenaufnahmen. Bilder holländischer Meister geben den Räumen etwas besonders Repräsentatives.

lockt. Ständig im kalten Ostseewasser zu duschen, das entspricht kaum Kathrin Clausens Vorstellung von Freizeitgestaltung. Darum, und weil man im Team so viele alte Freundinnen trifft, schwingt sie lieber in einem Hamburger Club den Hockeyschläger und wartet, bis sich der Hausherr auf See ausgetobt hat.

Trotz Boot, Schläger und Pferd wird doch ganz unmissverständlich klar, wer in der Idylle von Grönwohldhof die Hauptrolle spielt: Henry, Stella, Gloria und Victor. Damit sie nicht in den Karpfenteichen landen, ist das Ufer von Wildzäunen gesäumt. Schwimmen lernen können die Kinder besser im Anbau, da ist ein großes wohltemperiertes Bad untergebracht. Wer sich austoben will, soll reiten. »Pino«, ein hübsches Pony, ist den Lütten aber nicht so ganz geheuer, die Ziege »Rosi« will auch nicht immer so, wie die Kinder wollen, und manchmal wollen die Kinder nicht so, wie die Mama will und wie der Papa schon gar nicht. Und da »Pino«, »Rosi«, Henry, Stella und Mama und Papa allesamt ihren eigen Willen haben, geht's auf dem Grönwohldhof manchmal so munter zu wie in der Sesamstraße an Silvester – das pralle Landleben.

Nun mal ehrlich, gibt's was Schöneres?

Im blauen Zimmer sitzt die Hausherrin am liebsten, es ist ganz im schwedischen Stil eingerichtet. Durch die Südlage wirkt das Zimmer besonders hell, was besonders an den langen norddeutschen Wintertagen angenehm ist.

Das Treibhaus ist klein, der Barockgarten davor auch. Doch überall im Park finden sich hübsche optische Ornamente eingestreut, die zeigen, wie man die Natur zur Kultur ordnen kann.

Grönwohldhofs Hohe Schule

Grönwohld, nicht weit von der Autobahn Hamburg–Berlin gelegen und von dort über die B 404 zu erreichen, hat Weltruf – jedenfalls in der Welt der Dressurreiter. Die riesige, hochmoderne Reitanlage gehört der Familie Schulte-Frohlinde. Ihr fehlt nur der architektonische Abschluss, nämlich das am Rande des Geländes liegende Herrenhaus Grön-

wohldhof. Vielleicht kein Zufall, dass Hausherr Dr. Clausen ein eifriger Jagdreiter ist, seine Frau Kathrin die Dressur kennt. Auf Grönwohld hingegen lebt und arbeitet eine der besten Dressurreiterinnen der Welt, Karin Rehbein, in deren Stall der nun schon etwas betagte Hengst »Donnerhall« steht: mit weit mehr als 1000 Nachkommen ein

Wasser, Wiesen, Ställe: Auf dem Reiterhof Grönwohld werden vornehmlich Dressur-Pferde für den internationalen Spitzensport ausgebildet. Fotos: Jacques Toffi (4)

äußerst potenter Star der Dressurszene. Karin Rehbein, die als Reitlehrerin das Erbe ihres verstorbenen Mannes Herbert weiterführt, ist selbst fast eine Legende. Jedenfalls hat Grönwohld seinen Ruf als bedeutendes Dressursportzentrum weg. Wer sich oder sein Pferd zur Grand-Prix-Reife ausbilden lassen möchte, darunter geht's kaum, ist hier an der richtigen Adresse, der Stallverwalter Wandschneider (Tel. 04154-5990) ist der richtige Ansprechpartner.

Wer nur mal eine Runde ausreiten möchte, sei es auch nur auf dem Drahtesel, kann das

Dr. Clausen ist passionierter Jagdreiter.

Reitanlage vom Feinsten: In die Halle fällt viel natürliches Licht.

auf den vielen Wegen rund um Grönwohldhof in typischer Holsteiner Landschaft machen. Der Bahndamm der Kleinbahn, die hier einst dampfte, ist zum Fahrradweg umgewidmet. Graugänse und Fischreiher sieht man das ganze Jahr über. Badeplätze gibt es an den in der Nähe liegenden Seen Großensee und Lütjensee.

In Lütjensee liegt das beste Restaurant mit Hotel in der Gegend, das Forsthaus Seebergen der Familie Peter Genke (22957 Lütjensee, Tel. 04154-79290, Fax -70645 oder www.Forsthaus.seebergen.de) mit seiner exzellenten Küche, die auf typisch norddeutsche Kost spezialisiert ist. Das Forsthaus-Ensemble liegt romantisch an einem kleinen See und ist ein beliebtes Ausflugsrestaurant der gehobenen Art. Familie Clausen hat noch zwei weitere Tipps parat: die »Fischerklause Lütjensee«, etwas spießig, man sitzt aber schön am See und kann ein Ruderboot mieten, sowie den »Gasthof Stamer« in Hohenfelde, wo man in einem Bauernhaus an rot gewürfelten Tischdecken oder unter Apfelbäumen Rouladen und Sauerfleisch bekommt.

Wer sich seine Ernährung zu Herzen nimmt und deshalb Gutes vom Lande sucht, kann bei Optiker Fielmanns Öko-Betrieb »Hof Lütjensee« die Schweine und Rinder streicheln, die er eine Tür weiter im Hofladen, zu Wurst und Steak verarbeitet; mit nach Hause nehmen kann. Fielmann hat schon ökologisch gewirtschaftet, als von BSE noch keine Rede war. Ein richtig schöner Bauernhof, der sogar artgerechtes Duschgel (»Sun Wave«) anbietet. Muss man gesehen haben. (Alte Schulstraße 13, 22952 Lütjenburg, Tel. 04154-70474, Hofladen Tel. 04154-75394, Fax -791424). Wer keine Zeit hat, selber zu kommen, kann sich das Versandangebot schicken lassen.

Alles hat seine Ordnung: in der Sattelkammer.

Groß Zecher

HANNELORE VON WITZENDORFF IST LAND- UND GASTWIRTIN

Ein bisschen versteckt, am Südwestende des Schaalsees, lebt seit 1681 die Familie von Witzendorff inmitten einer einzigartigen Naturlandschaft. Mit ihrem Lebensgefährten Joachim Lucas und Tochter Catharine kämpft die gerlernte Landwirtin gegen eine ausufernde Naturschutzbürokratie. Die ganze Liebe der Gutsbesitzerin gehört ihrem Milchvieh, den ganzen Ehrgeiz steckt sie in den Ausbau von Gastronomie und Fremdenverkehr.

Vorherige Seite: Ja, Suse, das staunst du: In den letzten Jahren ist wieder Leben eingekehrt in Groß Zecher. Der Hof, der einst im hintersten Winkel des Zonenrandgebietes lag, hat sich gewandelt. Natürlich fehlen auch die Ponys nicht.

1994 nahm Hannelore von Witzendorff das Gutshaus von Groß Zecher aus der Verpachtung. Seitdem ist es nach und nach renoviert worden. Die Backsteinmauer links gehört zu dem alten Wirtschaftgebäude, in dem sich das Café »Zur Kutscherscheune« befindet.

Man muss nicht weit aus Hamburg herausfahren, um zu spüren, wo das Stadtleben endet und das Landleben beginnt. Eine Dreiviertelstunde östlich liegt das Dorf Groß Zecher am Schaalsee, am Zugang zu einer reich bewaldeten Halbinsel, dem Zecherschen Werder, direkt an der ehemaligen Zonengrenze. Groß Zecher besteht aus einer Ansammlung von hübschen alten Landarbeiterhäusern, dem wegen seiner Fischgerichte bekannten Restaurant »Zur Maräne« (benannt nach einem seltenen Süßwasserfisch), einer Anzahl alter, in Backstein gemauerter Wirtschaftsgebäude und dem zweiteiligen Herrenhaus Groß Zecher, in dem heute Hannelore von Witzendorff mit ihrem Lebensgefährten Joachim Lucas und der gemeinsamen Tochter Catharine, 5, leben.

Groß Zecher ist ein aus dem Gutshof heraus entstandenes Dorf, dem man seine bäuerliche Prägung noch deutlich ansieht. Hier ist so gar nichts künstlich angelegt. Am Hofrand steht ausgedientes Ackergerät, schon fast vom Gras überwuchert, daneben wachsen Johannisbeerbüsche, und überall beginnt das Grün sich durch Stein- und Betonböden zu zwängen. Groß Zecher kann keinen künstlich angelegten Barockgarten vorweisen, keine Schleiflackmöbel zieren das Herrenhaus: Was hier seine Berechtigung haben will, muss der Nützlichkeit unterliegen. Auch eine geharkte Kiesvorfahrt, mit einem lackglänzenden Geländewagen vor dem Haus geparkt, wird man nicht finden. Wo drei Mann sich um 300 Hektar Ackerland, 45 Hektar Grünland und 160 Stück Vieh, darunter 70 Milchkühe, kümmern müssen, fällt Autowaschen weg. Hannelore von Witzendorff: »Man ackert von morgens bis abends. Eine geregelte Arbeitszeit gibt es nicht. Ist man gerade fertig, dann fängt man wieder von vorne an.« Sie fügt hinzu: »Unser

Familienverbund ist aber sehr gut, da helfen alle mit. Mein Vater unterstützt uns, mein Schwager ist Landwirt in der Nähe, auch er hilft aus.«

Groß Zecher befindet sich seit 1681 im Besitz der Familie von Witzendorff. Einst gehörte auch das benachbarte Gut Seedorf dazu. Vor 300 Jahren sah der Braunschweig-Lüneburgische Geheime Rat und Kammerpräsident Hieronymus von Witzendorff bereits die Gefahr einer Zerstückelung des Familienbesitzes, und es gelang ihm, im Rahmen eines »Fideikomiss« genannten Vertrages, die Unteilbarkeit der bäuerlichen Flächen durchzusetzen. Damals wusste man noch nichts von Naturschutzbegriffen wir »Agenda 2000« und »Biosphärenreservat«, die jahrhundertealtes Recht im Handstreich ersetzen.

Hannelore von Witzendorff, in Kiel studierte Landwirtin, ist eine große schlanke Frau mit dichtem dunkelblondem Haar und großen blauen Augen. Sie wirkt im ersten Augenblick zerbrechlich und scheu, doch erinnern ihre frische Gesichtsfarbe und ihre zupackende Art daran, dass sie auf dem Land groß geworden ist und sich zu behaupten gelernt hat. In Hosen, Wolljacke und Gummistiefeln fühlt sie sich entschieden wohler als im Kleid. Ihr einziger Schmuck ist ein goldenes Amulett mit dem Familienwappen. Die Witzendorffs führen, ihrer Tätigkeit angemessen, im Wappenschild zwei gekreuzte Rechen.

Aufgewachsen ist die Frau, auf die der Begriff Gutsherrin so gar nicht passen will, in einem benachbarten, abseits gelegenen Forsthaus, in das die Familie ausgewichen ist. Frau von Witzendorff: »Wir hatten Groß Zecher über zwei Generationen verpachtet und erst 1994 zurückerhalten. Das Herrenhaus befand sich in schlechtem Zustand. Jetzt hat es zwar ein neues Dach und Farbe an den Außenwänden, doch gibt es an der Inneneinrichtung noch viel zu tun.«

Das obere Stockwerk des um 1800 entstandenen Gebäudes wurde in abgeschlossene Wohnungen aufgeteilt und an Leute aus der Stadt vermietet.

Joachim Lucas und Hannelore von Witzendorff haben die Kutscherscheune zweckdienlich, aber nicht ohne rustikalen Charme eingerichtet. Der Blick durchs Fenster fällt auf den schilfumsäumten See.

Die Gutsherrin ist Landwirtin und Gastwirtin. Morgens sind die Kühe dran, nachmittags die Gäste. Das Café-Restaurant »Zur Kutscherscheune« ist in einem Haus mit altem Backsteingiebel untergebracht. Im oberen Stockwerk sind ein paar einfache Zimmer für Wander- und Fahrradtouristen eingerichtet. Die Terrasse mit traumhaftem Ausblick liegt zum See hin.

Die dem Gut Groß Zecher heute noch verbliebenen Acker- und Weideflächen sind unter modernen wirtschaftlichen Gesichtspunkten nicht groß genug, um ein sorgloses Überleben des Betriebes zu sichern. Hinzu kommt, dass der Naturschutz das Gebiet rund um den Schaalsee als einen Kernpunkt seiner Interessen sieht. Frau von Witzendorff, die kein Typ ist, der zur Übertreibungen neigt, nennt das, womit sie nahezu täglich zu tun hat, eine »extreme Naturschutzproblematik«. Der Grund ist, dass mit Hilfe der Naturschutzgesetzgebung immer mehr Flächen von Groß Zecher aus der Bewirtschaftung genommen werden müssen. Wo das Problem liegt, erklärt Hannelore von Witzendorff so: »Wir haben hier riesige Investitionen zu machen, die sind auf Jahre hinaus mit den Banken geplant. Einen Trecker bekommen wir nicht unter 100.000 Mark, eine neue Melkanlage kostet um die 120.000 Mark. Dafür haben wir unseren Grund und Boden belastet. Jetzt fallen durch den Naturschutz immer mehr Flächen raus, und die Banken sagen: Der Boden, den wir beliehen haben, ist ja gar nicht mehr das wert, was er einmal war.« Und verbittert fügt sie hinzu: »Der Staat bedient sich an unseren Flächen. Dafür gibt es zwar eine gewisse Entschädigung, aber die wird nicht sofort ausgezahlt, sondern ich muss ihr jahrelang hinterherrennen oder sie vor Gericht erkämpfen. Ich bin schon bis zum Bundesverfassungsgericht gegangen. Sie können sich vorstellen, was allein die Anwälte kosten.« Da ist es nur ein schwacher Trost, dass sie einen Steuerberater zum Freund hat.

Als eine Frau, die in enger Verbindung mit der Natur groß geworden ist, kann sie diese Entwicklung nicht verstehen. »Meine Familie«, sagt sie, »lebt hier seit Jahrhunderten und hat den Forst instand gehalten und darauf geachtet, dass kein Raubbau an der Natur getrieben wird. Jetzt wird alles in kürzester Zeit umgestoßen, und wir werden nicht einmal gefragt. Das ist irgendwie nicht fassbar.«

Da die Probleme in der Landwirtschaft immer größer werden, hat sich Hannelore von Witzendorff dazu entschlossen, am Fremdenverkehr zu partizipieren. Der direkt am See gelegene Kutscherstall, ein altes Backsteingiebelhaus, wurde aufwändig zu einem Café umgebaut. Landfrauen aus der Umgebung helfen beim Betrieb, sie haben auch ihre eigenen Kuchenrezepte aus der Familie mitgebracht. Spezialität von Groß Zecher ist die »Schneeballtorte«, eine Mischung aus Schmand und Mandarinen. Das Obergeschoss des Kutscherhauses entwickelt sich zu einer einfachen Übernachtungsmöglichkeit für Fahrradtouristen und Wanderer. Aber Frau von Witzendorff hat noch weiter gehende Pläne: »Ich habe vor meinem Studium mit behinderten Kindern gearbeitet. Mein Lebensziel war immer, etwas mit Kindern und mit Tieren zu tun zu haben. Daher würde ich gern Kindern aus der Stadt das Leben mit Tieren und der Landwirtschaft näher bringen, so eine Art Ferien auf dem Bauernhof«, sagt sie. »Auf jeden Fall werden wir das Freizeitangebot weiter ausbauen.«

Welche Schätze die Natur rund um den Schaalsee bietet, weiß Hannelore von Witzendorf sehr genau. Sie selbst ist mit dem Blick auf den See aufgewachsen, erlebt die Natur »sehr bewusst« und ist noch heute am liebsten hier im Herrenhaus oder drüben im Forsthaus, wo der Vater lebt. Länger als zwei, drei Wochen fort zu sein, »das halte ich nicht aus«. In die nahe gelegene Großstadt Hamburg fährt sie nie. »Was soll ich da? Alles, was ich brauche, bekomme ich auch hier, notfalls in Mölln oder Ratzeburg.«

Wer an einem warmen Sommertag auf der Terrasse des Kutschercafés sitzt und auf die dunkelgrün bewaldeten, von hellgrünem Schilf umgürteten Inseln im See blickt, wer den Seeadler in der Höhe kreisen sieht und die Schwärme räuberischer Kormorane im See, wer verfolgt, wie morgens der Milchwagen kommt und mittags das Postauto und am Nachmittag die Fischersfrau den frischen Räucherfisch abliefert, wer die geschäftigen Landfrauen in der Küche arbeiten sieht und sich schließlich behaglich und satt von der Schneeballtorte die Sonne auf den Pelz scheinen lässt und ganz in Ruhe abwartet, bis die Sonne hinter den Baumspitzen verschwunden ist und vom See eine Kühle heraufzieht, der weiß, wie schön das Landleben sein kann. Und er wünscht der Naturschutzbehörde im fernen Kiel ein bisschen mehr von der Einsicht, dass Mensch und Natur durchaus im Einklang leben können.

Rund um Groß Zecher, das auf einer Halbinsel im Schaalsee liegt, finden sich viele romantische Ecken. Diese Gegend hat zu jeder Jahreszeit ihren Charme.

Groß Zecher am schönen Schaalsee

Groß Zecher zu besuchen (Autobahn Hamburg–Berlin, Abfahrt Zarrentin, im Ort links halten, Richtung Ratzeburg), dafür gibt es zwei gewichtige Gründe: Rund um die Halb-

Blick von der Terrasse auf den Schaalsee.

insel führt ein Wanderweg durch ein wirkliches Naturparadies, durch Feld, Wald und Hügel, entlang eines Schilfgürtels, der fast den gesamten Schaalsee umrahmt. Vom Verlassen des Weges warnen Schilder allerorten; Die hat aber nicht Frau von Witzendorff aufgestellt, sondern der Naturschutz droht hier mit der Keule. Na ja, lassen wir dem Seeadler sein Refugium, aber dafür sollte er sich wenigstens mal in der Luft sehen lassen. Der Bestand an Seeadlern scheint derzeit jedenfalls nicht mehr gefährdet. Im Jahr 2000 wurden 360 Brutpaare dieses größten Greifvogels Europas in Deutschland gezählt.

Wenn der Bestand an Fischen im Schaalsee dezimiert wird, dann liegt das kaum am Seeadler (eher am Kormoran), vielleicht aber auch daran, dass Hecht und Maräne im Restaurant »Maräne« in Groß Zecher so vortrefflich schmecken. Die »Maräne« ist nur eine Art Dorfkneipe mit Tanzsaal, aber die grätenarme Maräne in Butter gebraten ist eine Wucht – und für die berühmten Hechtklöße in Dillrahm lohnt sich der weiteste Weg. Am Wochenende ist es hier deshalb oft ziemlich voll (Dorfstr. 12, 23883 Groß Zecher, Tel. 045 45 – 1371, im Sommer durchgehend geöffnet, im Winter Dienstag Ruhetag). Gleich nebenan verkauft der Fischmeister Friedrich Buuck frische und geräucherte Ware (Tel. 04545-666). Auf der anderen Seite des Sees, in Dargow, hat sein Bruder Uwe eine Fischräucherkate (Tel.04545-630).

Die Schaalseespezialität Maräne, so lehrt uns Brehms Tierleben, ist ein Bewohner kal-

Am Ende der Allee liegt Groß Zecher.

Endlose Weiten, wo Mecklenburg und Holstein sich treffen.

ter, nährstoffarmer Seen und nur in einigen holsteinischen Seen zu fangen. Sie ähnelt ein bisschen einem Hering, ist mit 20–25 cm Länge aber größer.

Nach dem Fischessen ist ein Spaziergang angeraten, bevor man zum Kaffee in die »Kutscherscheune« einkehrt und sich die von Landfrauen gebackene Kutscher- oder Schneeballtorte zuführt. Das Rezept steht nebenbei.

Wildspezialitäten besorgt sich Hannelore von Witzendorff im von Bülow'schen Forstgut Bergholz. Die Bülows leben hier seit 550 Jahren, Frau von Bülows Wildangebot wurde von der Fachzeitschrift »Feinschmecker« ausgezeichnet. Gleich ob Wildschwein-Bockwurst oder Rehkeule, alles hat die Hobbyköchin von Bergholz selbst probiert (21514 Forstgut Bergholz, Tel./Fax. 04155/2211).

Wer Angst hat, dass er zu dick wird, kann sich in der »Kutscherscheune« ein Tret- oder Ruderboot mieten und sich auf dem See abstrampeln, Ponyreiten geht nach Voranmeldung auch. Die nächste Badestelle ist ein Ort weiter, in Seedorf. Groß Zecher hat eine natürliche, unprätentiöse Atmosphäre: ein schönes Ausflugziel. (Lindenallee 15, **23883 Groß Zecher, Tel. 04545-801)**

Kutschertorte (Schneeballtorte)

Bisquitboden, Formrand um den Bisquit legen

Creme

750–800 g Schmand, 2 Ds Mandarinen
20 g Zucker, 2 Vanillezucker, 6 Bl. Gelatine.
Gelatine einweichen, Mandarinen abtropfen, 1/8 l Mandarinensaft mit Zucker, Vanillezucker und Schmand verühren, unter die Creme rühren, Mandarinen unterheben, Fruchtcreme auf Bisquit verteilen, kühlen.

Schneebälle

500 g Sahne, 100 g Getränkepulver »Orange«, 3 Vanillezucker, 3 Bl. Gelatine
geh. Pistazien
Sahe steif schlagen, Getränkepulver und Vanillezucker unterrühren, aufgelöste Gelatine unterrühren. Sahne kühlen und mit Eiskugelportionierer Kugeln abstechen, auf Schmandcreme setzen. Pistazien über die Schneebälle streuen.

Wanderweg rund um die Halbinsel

Seltener Genuss für Gourmets: die Maräne.

Hohen Schönberg

DR. MANFRED UND DAGMAR GUTH: MITTEN IM ZWEITEN LEBEN

Ein Schlaganfall katapultierte Dr. Manfred Guth aus seinem Berufsleben als Bankier heraus. Kaum genesen, begann er mit der Verwirklichung seines Lebenstraumes, Landwirt zu werden. Im Klützer Winkel, nahe der mecklenburgischen Ostseeküste, kaufte er, was von dem Gut Hohen Schönberg übrig geblieben war. Ein Herrenhaus gibt es nicht mehr, so leitet er vom ehemaligen Jagdhaus seine kleine, aber feine Landwirtschaft.

Der Klützer Winkel liegt auf der Ostseite der Lübecker Bucht und ist ein gesegnetes Stück Land. Gesegnet ist er, weil der Boden fruchtbar ist, die Nähe zur Ostsee auch in trockenen Sommern stets für genügend Feuchtigkeit auf den Feldern sorgt, weil es dort stets einen großen Wildbestand gab und der Anblick der leicht hügeligen Landschaft mit dem blauen Meer in der Ferne Geist und Seele gut tut. Diese Vorzüge der Natur und die Nähe zur großen Stadt an der Elbe haben den Klützer Winkel schon vor dem Krieg zu einem bevorzugten Erholungsgebiet für wohlhabende und stadtmüde Hamburger gemacht, die hier ihre Güter unterhielten.

1945 allerdings brachen auch im Klützer Winkel harte Zeiten an. Bis zum Fall der Mauer 1989 war das Land von Niedergang und Verfall gezeichnet. Die Gutshöfe wurden in Siedlungsland aufgeteilt oder zu LPGs zusammengefasst. Der »Arbeiter-und-Bauern-Staat« vertrieb die meisten Menschen aus dem Zonengrenzgebiet, die Herrenhäuser verfielen, Teiche dienten als Sammelbecken für Gülle, selbst die heute geschützten Feldhasen wurden flächendeckend mit Netzen abgefangen und landeten gegen Devisen auf dem Feinschmeckermarkt von Paris. Der Klützer Winkel, ein toter Winkel.

Nach 1989 sind manche alten und viele neue Gutsherren ins Land zurückgekehrt. Auf den Feldern steht wieder das satte Korn, auf den gesäuberten Teichen schwimmen Enten, die Herrenhäuser sind, so weit das noch möglich war, wieder aufgebaut, und sogar der Bestand an Feldhasen erholt sich wieder. Einer von denen, die die Ärmel aufgekrempelt haben und sich mit ebenso viel Liebe wie Begeisterung für dieses Stück mecklenburgischer Heimat einsetzen, ist der Hamburger Dr. Manfred Guth, 61, der sich mit seiner Frau Dagmar, geborene Nörenberg, des Gutshofes Hohen Schönberg angenommen hat. 270 Hektar Land gehören zu Hohen Schönberg, davon 250 Hektar schiere Ackerfläche. Genug zum Überleben? Dr. Guth: »Ja, wenn man gute Böden hat – und unser Boden ist sehr gut.«

Der nach einem Schlaganfall in den Ruhestand getretene gelernte Jurist und frühere Bankier Dr. Manfred Guth aus Blankenese und seine Ehefrau Dagmar, gebürtig aus Flottbek und aufgewachsen in Harvestehude, ebenfalls eine Juristin und ehemalige Oberregierungsrätin in der Wehr-

Vorherige Seite: Stilleben mit Jagdhund. In der Eingangshalle von Hohen Schönberg lädt die Fußbodenheizung zum Mittagsschlaf auf den Fliesen.

Rechts: Ebenso bescheiden wie geschmackvoll liegt das ehemalige Jagdhaus zu Füßen des Fuchsberg. Für das Ehepaar Guth und eine Haushaltshilfe ist mehr als reichlich Platz, rundherum nur Landschaft und Natur.

1868

bereichsverwaltung, konnten das Herrenhaus Hohen Schönberg leider nicht mehr retten. Der Verfall war so weit fortgeschritten, dass sie das Haus abreißen lassen mussten und sich im benachbarten Jagdhaus »Am Fuchsberg« ein ebenso hübsches wie übersichtliches Heim schufen. Ein Stück Lindenallee führt zu dem hellweiß gekalkten, 1886 gebauten Haus, kurz geschnittener Rasen, eine Kiesvorfahrt, ein Ententeich, Rosenbeete drum herum. Der »Fuchsberg« ist eine kleine Erhöhung hinter dem Haus, in alten Zeiten vielleicht mal eine befestigte Anlage oder ein Thingplatz gewesen, von dessem flachen Gipfel sich ein atemberaubender Blick über die Lübecker Bucht und hinüber nach Timmendorf bietet.

Dass jemand einen eigenen Ziehbrunnen im Hause hat, dürfte die Ausnahme sein. Der Brunnenrand ist aus Feldsteinen gemauert.

Das Haus ist ebenso sparsam wie geschmackvoll eingerichtet. Dagmar Guth, die mit ihrem Charme und ihrer Attraktivität ebenso in einen Pariser Salon passen würde, die die Porzellanmalerei liebt, Schränke bemalt und eine Etage ihres Nienstedtener Hauses lange Zeit als Verkaufs-

raum für französische Antiquitäten nutzte, hat bei der Einrichtung des Hauses am Fuchsberg zweifellos die Hauptrolle gespielt. Die geflieste Eingangshalle ist fast leer und wird von zwei raumhohen Wandmalereien beherrscht. Die Bilder zeigen Gut Rothensande in Ostholstein, den Hof ihres Vaters, auf dem in den ersten Nachkriegsjahren die TV-Serie »Immenhof« gedreht wurde. Daneben hängt eine Karte mit den Flurstücken, die sich heute im Guth'schen Besitz befinden. Dazwischen gibt es noch ein paar weiße Flecken, die sich gut in die Ackerfläche von Hohen Schön-

Dr. Manfred Guth und seine Frau Dagmar im Wohnzimmer von Hohen Schönberg. Die erfolgreiche Antiquitätenhändlerin hat das Haus selbst eingerichtet. Im Hintergrund der Durchgang zum geräumigen Esszimmer.

berg fügen würden. »Landkauf macht süchtig«, sagt Dr. Guth, aber so ist das wohl mit allen Dingen, an denen das Herz eines Sammlers hängt. Im anschließenden Treppenhaus befindet sich ein fest gemauerter Brunnen, Dr. Guth leuchtet mit der Taschenlampe in die Tiefe – tatsächlich glitzert unten ein Wasserspiegel.

Links vom Eingang schließen sich das Wohn- und Kaminzimmer an, sie gehen über in einen lang gestreckten Esssalon, sparsam mit französischen Möbeln, bemalten Spiegeln und Marmorreliefs dekoriert. Die kleinen Ölbilder, eine Landschaft mit Pferden, ein Kirchgang, stammen von skandinavischen Malern. Dagmar Guth sagt: »Ich wollte alles hell und freundlich haben. Vom Wetter her ist es hier ja lange Zeit eher dunkel. Ohne einen französischen Touch kann ich nicht auskommen.« In den Wirtschaftsräumen bereitet die bescheidene Mamsell Conny Tee und Kuchen für die Gäste, Jagdhund »Charly« wedelt mit dem Schwanz und guckt ein bißchen traurig, weil er weiß, dass der Zutritt zum Wohnzimmer mit der feinen hellen Auslegeware für ihn verboten ist.

Oben: Gästezimmer im Obergeschoss. Die Balkendecke ist nicht nur Dekoration.

Auch im Esszimmer wurde die Balkendecke freigelegt.

Wie kommen ein Bankier und eine Oberregierungsrätin, die beiden Söhne von 31 und 24 Jahren sind längst außer Haus, an einen Gutshof in Mecklenburg? Dr. Guth: »Ich bin in Blankenese aufgewachsen, habe aber jeden freien Tag bei Verwandten auf Gut Teutendorf und Gut Augustenhof in Holstein verbracht. Gepflügt wurde damals noch mit Pferden, die von den Flüchtlingstrecks aus dem Osten stammten. Damals ist in mir eine innige Liebe zum Land gewachsen. Ich hatte mir für mein Leben zwei Dinge vorgenommen: einmal den Atlantik auf einer Segelyacht zu überqueren und dann ein Gut in Holstein zu besitzen. Mit der Yacht ›Störtebeker‹ vom Hamburgischen Verein Seefahrt habe ich tatsächlich eine Transatlantik-Regatta gesegelt. Aber von dem Traum, ein Gut in Holstein zu kaufen, habe ich mich bald verabschiedet, weil Grund und Boden dort viel zu teuer sind. Da kam die Wende, und Mecklenburg öffnete sich. Über einen Onkel konnte ich zunächst 100 Hektar von Hohen Schönberg erwerben. Es war ja damals so, dass Höfe bis zu 100 Hektar Größe an die zwangsenteigneten Vorbesitzer zurückgegeben wurden. Dann habe ich die Landwirte hier in der Gegend kennen gelernt und nach und nach etwas dazu gekauft. Das sind ganz feine Leute, denn hier gilt der Handschlag noch etwas. Heute ist Mecklenburg wieder ein sehr gesuchtes Land, für das von einigen Großinvestoren gewaltige Preise geboten werden.«

Manfred Guths Leben nahm nach einem Schlaganfall vor fünf Jahren eine vollständige Wendung. Er gab seinen Beruf auf, spielte wieder mehr Klavier und Querflöte – hauptsächlich Bach – und konzentrierte sich ganz auf die Landwirtschaft, sein »drittes Leben«, wie er meint. »Ich bin reiner Autodidakt«, sagt er, »aber mit Leidenschaft. Im Winter machte ich auf einem benachbarten Hof eine landwirtschaftliche Ausbildung und ging dann zur Landwirtschaftsschule.« Natürlich besitzt er seit langem einen Jagdschein, und man nimmt einem Menschen ab, der das Land und das Leben dort so sehr liebt wie er, dass Hege und Pflege des Wildes bei ihm die erste Rolle spielen. Muffelwild, Schwarzwild und Damwild findet man hier. Der Feldhase ist ganzjährig geschützt. Hohen Schönberg wird heute von einem Verwalter und drei Mitarbeitern bewirtschaftet. Angebaut werden Weizen, Gerste und Raps, und dann gibt es noch eine Zuckerrübenquote, die »sehr viel wert ist«.

Dagmar Guth, die selbst zum Teil auf dem Land groß geworden ist, ergänzt: »Mein Mann ist der bodenständigere von uns beiden. Am Anfang dachte ich, dieses Landleben muss ich nicht haben, aber das hat sich sehr geändert. Nun lebe ich halb hier, halb in Nienstedten.«

Am Beispiel des ehemaligen Bankiers Manfred Guth und seiner Frau kann man etwas lernen. Man lernt, dass eine ernsthafte Krankheit eine zweite Chance im Leben bedeuten kann. Man lernt, dass es möglich ist, seine Jugendträume zu verwirklichen. Man lernt, dass Geld an sich keine Befriedigung bietet, sondern nur, wenn man etwas Sinnvolles damit anfängt. Und man lernt vor allem, welche Lebenskraft im Umgang mit der Natur steckt und dass man den Sinn des Lebens auf dem Lande vielleicht am ehesten findet.

Manfred Guth hat diese Erfahrung auf Hohen Schönberg gemacht und in drei Worten zusammengefasst, die so fest und uverrückbar stehen wie die alten Eichen auf seinem Fuchsberg, und die lauten: »Ich bleibe hier.«

Der Kamin ist der Mittelpunkt des Hauses. Helle Wandfarben sind Dagmar Guths Waffe gegen die grauen Mecklenburger Wintertage.

Hohen Schönberg: Klein, aber fein

Neben der schönen Lage mit unverbaubarem Ostseeblick hat Hohen Schönberg den Vorteil der Nähe zur Großstadt Hamburg. In etwa 80 Minuten fährt man die Autobahn nach Lübeck (A 1), zweigt nach Travemünde ab, nimmt die Priwallfähre (zwei Fähren pendeln hier regelmäßig, Wartezeiten nur zur Ferienzeit) und steuert dann über Kalkhorst Richtung Klütz, bevor man kurz vor der Ortseinfahrt Hohen Schönberg links an der Straße das Jagdhaus liegen sieht. Am Wege liegt die Anno 1230 erstmals erwähnte Dorfkirche St. Laurentius, aus dieser Zeit stammt ein heute noch vorhandenes Mönchsgestühl im Kirchenschiff. Dr. Guth weist auf die großzügige Ausstattung des Gotteshauses hin, in der sich der Reichtum der zu dieser Kirche gehörenden Güter ausdrückt, einzigartig in Mecklenburg und auf jeden Fall einen Besuch wert.

Wer bei Kalkhorst links abbiegt, erreicht bei Groß Schwansee den Ostseestrand. Das Schwanseer Herrenhaus wird seit dem Jahr 2000 renoviert. In Kalkhorst steht übrigens ein Schloss. Es gehörte einst dem Hamburger Getreidehändler und Naturschutzpionier Alfred C. Toepfer und ist heute wieder Privatbesitz.

Privatbesitz ist auch das Forsthaus Hohen Schönberg. Wer sich aber generell für den Erwerb von Antiquitäten interessiert, mag sich an die Hausherrin Dagmar Guth in Hamburg wenden (Fax 040-803731). Den schönsten Ausblick auf die Ostsee hat man ohnehin vom Hohen Schönberg selbst, der höchsten Erhebung des Klützer Winkels. Er liegt gleich hinter dem Ort.

Wer baden möchte, ist von hier schnell im Ostseebad Boltenhagen. Wer das Land kennen lernen möchte, sollte die Kleinstadt Klütz besuchen, die trotz vieler neuer Reklametafeln und Farbe an den Häusern noch durch und durch museale DDR-Nostalgie atmet. In Mecklenburg ticken die Uhren eben langsamer. Einen Bahnhof gibt es auch, aber hier hält nur noch die 1953 von

Schloss Bothmer bei Klütz, nach dem Vorbild von Blenheim House 1732 gebaut.

Dorfkirche St. Laurentius in Kalkhorst.

Glas und Porzellan auf festlicher Tafel: alles wertvolle Erbstücke aus der Familie.

Krupp in Essen gebaute Museumsdampflok der Klützer Ostseeeisenbahn GmbH mit ihren 100 Jahre alten Plattformwagen, die im Sommer täglich die 15,3 Kilometer nach Grevesmühlen schnauft. Den Fahrplan erfährt man unter Tel. 038825-3201 (Fax -3203). Die Bahnstrecke wurde 1905 für den Zuckerrüben- und Getreideabtransport

Desserteller »Frankenthaler Vögel«

Wildschweinbraten »Mecklenburg« auf Geschirr mit Wildmotiven.

gebaut, der offizielle Verkehr ist seit 1997 eingestellt.

Nur zehn Fußminuten weiter liegt das mächtige, 1732 für Hans Caspar Gottfried von Bothmer gebaute Backsteinschloss Bothmer. Es entstand nach dem Vorbild von Blenheim House in Oxfordshire und war zu DDR-Zeiten Altersheim. Wer sich für Herrenhäuser interessiert, für den ist Bothmer mit seinem Barockgarten ein Muss. Es steht in seltsamem Kontrast zu dem kleinbürgerlichen Ambiente von Klütz. Seine Zukunft ist ungewiss, der Nach-Wende-Eigner scheint mit dem riesigen Besitz überfordert und denkt an Rückgabe, wie es heißt. Ganz in der Nähe liegt das Herrenhaus Stelshagen der Familie Bach, 1924 gebaut, heute Hotel-Restaurant. Damit Hohen Schönberg nicht ganz aus der Erinnerung des Lesers verschwindet, hat Frau Guth ein Wildrezept hinterlassen, das sich für einen festlichen Abend lohnt.

Mecklenburger Wildschweinbraten

Wir benötigen:

Wildscheinkeule, Schweineschmalz, entkernte Backpflaumen, 4 Äpfel, Rosinen, Paniermehl, 250 g durchwachsenen, geräucherten Speck, 1 l Rotwein, Crème fraîche, Rotkohl, Mecklenburger Kartoffeln .je 200 g Sellerie/Möhren, Zwiebeln, Wacholderbeeren/Salz/Pfeffer/Zimt, 2 Orangen, Preiselbeeren.

So geht's:

Die Wildschweinkeule mit grobem Salz einreiben und 12 Stunden stehen lassen. Die Knochen aus der Keule lösen und mit in grobe Würfel geschnittenen Wurzeln, Sellerie, Zwiebeln und Wacholderbeeren auskochen.

Das ausgelöste Fleisch mit einer Füllung aus klein geschnittenen Äpfeln, Backpflaumen, Rosinen, 1 Messerspitze Zimt vermengt mit Paniermehrl versehen und mit Garn umwickeln.

Den Braten mit Schmalz kräftig anbraten. Salz, Pfeffer, Wacholderbeeren zufügen. Den Braten mit großen Speckscheiben belegen und 3 bis 4 Stunden im Backofen bei Mittelhitze braten lassen. Zwischendurch Rotwein angießen. Für die Sauce den Wildfond durchsieben, die Flüssigkeit aus dem Bräter dazugeben. Mit Pfeffer und Salz abschmecken und Crème fraîche einkochen lassen. Die Wildschweinkeule auf einer Platte anrichten, Preiselbeeren auf Orangenscheiben geben und den Braten damit garnieren. Dazu Salzkartoffeln und Rotkohl servieren.

Gut Horst

ERDBEEREN SIND DIE LEIDENSCHAFT VON WOLF UND MARGA VON KAP-HERR

Nach einem Leben als Landwirt und Erdbeerzüchter hat sich der adelige Gutsherr von Horst ins benachbarte Verwalterhaus zurückgezogen. Doch in den drei warmen Sommermonaten ist das Ehepaar von Kap-herr noch ganz bei der Sache. Dann bewirten sie auf ihrem Hof mit Erdbeertorte, Kaffee und Erdbeerwein unter den alten Bäumen des Gutsparkes nahe des Plöner Sees.

Vorhergehende Seite: Und es passt doch: Die Kommode und die Leuchter sind kein Familienerbe – sie stammen vom Kaufhaus Möbel-Kraft aus dem benachbarten Bad Segeberg. Für die Einrichtung aus dem Herrenhaus ist in der Verwalterwohnung der Kap-herrs kein Platz.

Traum von einem Haus auf dem Land. Im Vorwerk, dem ehemaligen Verwalterhaus, sind die Kap-herrs heute zu Hause. Die Lage ist einzigartig schön, vor dem Haus Felder bis zum Horizont, hinter dem Haus Teich und Wald.

Wolf von Kap-herr steht in einem mit Erdbeermotiven bedruckten T-Shirt auf dem Rasen des Gutshauses Horst und brät zwischen Senf- und Ketschup-Flaschen Schinken- und Thüringer Würste. Seine Frau Marga, geborene von Hagen, schaufelt Erbeerportionen in vasengroße Schalen und schenkt Kaffee in Bechern aus. Selbstbedienung auf Gut Horst, jeden Tag von 11 bis 19 Uhr. Die Kaffeegäste, viele nette einfache Leute aus der Gegend, sitzen an Tischen auf dem Rasen im großen Park und genießen die süßen roten Früchte, und vielleicht fällt dem einen oder anderen von ihnen auf, dass die alten Bäume, die ihnen Schatten spenden, nicht nur heimische Eichen sind, sondern große Trauerweiden, Wallnuss und die seltene kanadische Buche mit ihren gezackten Blättern. Reste einer alten Gutspark-Herrlichkeit. Heute tobt rund um das 1860 aus gelbem Klinker gebaute Gutshaus von Mai bis Juli die Schlacht am kalten Buffet. Eine Geschichte, die das Landleben schreibt.

Gut Horst wird von seinen Eigentümern als »Erdbeergut Gut Horst« vermarktet und hat in dieser Eigenschaft schon eine regionale Bedeutung erhalten. Das liegt nicht nur an den vorzüglichen Erdbeeren, die inzwischen nicht mehr selbst gezogen, sondern aus dem ostholsteinischen Gutsbetrieb Schloss Weissenhaus oder vom Großmarkt angeliefert werden, es liegt auch an der Lage des Hofes. Horst, nahe Ascheberg am Plöner See, schwimmt wie eine grüne Insel inmitten goldgelber Getreidefelder. Die meiste Zeit des Jahres muss es hier sehr still sein, sehr ländlich, sehr abgeschieden. Leben gibt es dann nur noch im alten Gutshaus, dass an mehrere Parteien vermietet ist, und im ehemaligen Verwaltergebäude, gleich um die Ecke, das den Kap-herrs als Alterssitz dient.

Noch vor wenigen Jahren war Gut Horst ein eigenständiger landwirtschaftlicher Betrieb, mit 218 Hektar mittelgutem Ackerland, Milchvieh und Erdbeerplantagen; 1999 waren es 60 Hektar allein für Industrieerdbeeren, die zu Schwartauer Konfitüre verarbeitet wurden.

Bevor die Kap-herrs sich auf Gut Horst niederließen, hatte der Betrieb schon sechs Vorbesitzer in den Ruin getrieben.

Nicht eben rosige Aussichten für die Familie, die ursprünglich aus Holland stammt. Wolf von Kap-herr: »Der Name stammt vermutlich von ›kappen‹ her. 1780 wurden wir in Darmstadt geadelt. Im 19. Jahrhunderts gab es drei Linien unserer Familie, nun alle bei Dresden ansässig. Dort gab es sogar ein Palais Kap-herr. Ein Kap-herr ist nach Südafrika ausgewandert und hat es dort zu großem Wohlstand gebracht. Unsere Linie aber saß in Bärenklause in Sachsen. Mein Großvater war ein preußischer Zieten-Husar, der eine Gräfin Dürkheim hier aus der Gegend heiratete. Er starb früh, und meine Großmutter war mit 24 Jahren Witwe. Sie führte den Hof bis 1938 mit strenger Hand, bis mein Vater die Landwirtschaft übernahm.« Er fügt hinzu: »Ich habe noch Verwandtschaft in Hamburg, einen Bankier und Teilhaber der Berenberg-Bank. Aber allzu sehr interessiere ich mich nicht für Familiengeschichte. Dafür bin ich wohl noch nicht alt genug.«

Interessant ist das Familienwappen derer von Kap-herr. Es zeigt ein Felsen-Kap – wohl aus der Verbindung zu Südafrika und dem Kap der Guten Hoffnung – und einen Marschallstab. Aber militärisch geht es auf Gut Horst nicht zu – wenngleich die Erdbeerverteilung generalstabsmäßig geplant wird.

Wolf von Kap-herr ist auf Gut Horst geboren, er besuchte im Internatsgymnasium Schloss Plön die Schule, machte eine Landwirtschaftslehre, ging zur Ackerbauschule in Bayern und verbrachte noch ein Vierteljahr auf einem Hof in Schweden. Dann zog es ihn in die USA, wo er in Wisconsin und Kalifornien das harte Leben der Farmer kennen lernte. »Dort«, sagt er, »habe ich die Verarmung der Landwirtschaft miterlebt. Diese negative Entwicklung hat sich mit einiger Verzögerung auch hier gezeigt. Nur die ganz großen Betriebe können überleben. Der Farmer, bei dem ich damals wohnte, bewirtschaftete 700 Hektar ganz allein. Im Winter hat er sich bei einem Schlosser verdingt, um etwas extra zu verdienen. Zusammen reichte es gerade für das Nötigste. Als ich ihn später zu mir nach Deutschland eingeladen habe, konnte er nicht einmal den Flug bezahlen.«

Wolf von Kap-herrs Erfahrung in den USA war noch aus einem anderen Grunde wichtig, denn hier lernte er seine Frau kennen, eine junge Physiotherapeutin mit Erfahrung in der Landwirtschaft. Marga von Hagen ist aus Stargard in Pommern gebürtig und kam im Flüchtlingstreck 1945 mit Familie, darunter sechs Töchter und ein Sohn, sowie fünf Pferden in die Nähe von Gettorf, wo sie auf Gut Augustenhof aufwuchs. Von Not kann auch sie etwas erzählen. »Wir haben zwölf Jahre in einer Baracke gelebt, bevor wir in

Rund um das alte Gutshaus Horst ist ein beliebtes Erdbeercafé für Sommergäste entstanden. Wolf und Marga von Kap-herr kümmern sich persönlich um die Besucher. Sie haben Spaß am Umgang mit Menschen, der Gast fühlt, dass er hier willkommen ist.

Plastik des dänischen Bildhauers Thorwaldsen im Park von Gut Horst.

Kappeln an der Schlei ein Stück Land zum Siedeln zugeteilt bekamen.« Seit der Hochzeit, »das ging dann ganz fix«, lebt Marga von Kap-herr auf Gut Horst.

Der Gutsbetrieb wurde zunächst mit 100 Milchkühen und einem hochmodernen Stall nach US-Vorbild geführt, dazu kam der Ackerbau mit Getreide, Raps und Gemüse, das ihnen eine benachbarte Dosenfabrik abnahm. Doch da die staatliche Beihilfen immer weiter gekürzt wurden oder ganz wegfielen, musste der zu kleine Betrieb nach einer Alternative suchen. Die ergab sich, als 1978 die Schwartauer Werke an Wolf von Kap-herr herantraten und auf Gut Horst die Erdbeerzeit begann. Mit einem 2500 Quadratmeter großen Gewächshaus gelang es, die Erdbeer-Saison zu verlängern. Damals entstand die Idee vom Erdbeercafé, das bald zu einer wesentlichen Einnahmequelle des Hofes wurde.

1999 machte Wolf von Kap-herr einen Schnitt. Er stellte seine Kinder vor die Wahl, die Landwirtschaft zu übernehmen, aber nur unter Beibehaltung des gewinnträchtigen Erdbeer-Cafés, wo an manchen Tagen bis zu 20 Aushilfskräfte arbeiten. »Ich kann verstehen, daß die Kinder dazu keine Lust verspüren. Ich habe daher das Land bis auf wenige Hektar an einen Nachbarn verkauft und mit dem Erlös das Erbe geregelt«, sagt der Gutsherr, der so gar nicht herrschaftlich auftritt und sich an seinem Grill zwischen den Senf- und Ketschup-Flaschen durchaus nicht deplatziert vorkommt. Einer der Söhne hält die Tradition hoch, er ist Verwalter auf einem großen Gut in Polen.

Heute genießt der Senior die Freuden des Alters gemeinsam mit seiner Frau, optimistisch und voller Lebensfreude. Schließlich: Er ist gesund, die Kinder sind aus dem Haus, und gleich um die Ecke wartet das gemütliche Verwalterhaus, der Ruhesitz der Kap-herrs. Von dem hübschen kleinen Backsteinhaus blickt man nach vorn über die unendlichen Weite der Getreidefelder und Waldinseln, nach hinten auf einen kleinen Garten mit einem großen Teich, auf dem Muladen schwimmen, eine Kreuzung zwischen Enten und Gänsen, die nicht wegfliegen können. Manchmal holt sich hier der Fuchs einen Festtagsschmaus. Die Jagdrechte auf seinem ehemaligen Besitz hat der passionierte Jäger behalten.

Die Stube ist neu eingerichtet, von »Möbel-Kraft«, wie die Hausherrin betont, für die großen alten Möbel aus dem Herrenhaus ist es zu eng hier. Auf dem Boden und an den

Wänden fallen eine Vielzahl orientalischer Teppiche auf, sie stammen zumeist aus der Türkei. Wolf von Kap-herr: »Früher hatten wir viele türkische Erdbeerpflücker auf dem Hof. Wir haben die türkische Mentalität sehr gut kennen und respektieren gelernt und sind oft in die Türkei in Urlaub gefahren. Es bringt Spaß, auf dem Basar zu feilschen und hin und wieder einen schönen Teppich mit nach Hause zu bringen.«

Ende Juli wird das Erdbeercafé geschlossen. Dann herrscht wieder Ruhe und Beschaulichkeit. Wolf von Kap-herr und seine Frau reisen dann am liebsten in ihrem Wohnmobil durch Europa. Derweil dämmert Gut Horst einer ungewissen Zukunft entgegen; nicht zum ersten Mal in seiner wechselvollen Geschichte.

Einst wuchsen hier, von Glas beschirmt, die ersten Erdbeeren des Jahres. Seit die eigene Zucht eingestellt wurde, sitzen hier die Kaffee-Gäste von Horst, jedenfalls wenn es draußen regnet.

Unterm Dach mit schrägen Wänden und dunklen Balken lebt es sich ganz gemütlich. Das ehemalige Verwalterhaus bietet mehr als reichlich Platz für das Ehepaar Kap-herr.

Linke Seite: Die gute Stube, eingerichtet aus dem Möbelmarkt. Warum nicht? Der Blick auf die blühende Landschaft vor dem Fenster – davon träumt der Städter sein Leben lang.

Das süße Geheimnis von Horst

Gut Horst liegt am Rande der Holsteinischen Schweiz, in einem Gebiet voller Ausflugsmöglichkeiten. Wer aus Hamburg kommt, keine Eile hat und ein bisschen was von der Landschaft sehen will, fährt über Bad Segeberg und nimmt dann den Weg Richtung Plön. Es gibt zwei Wege, einen über die B 404 nach Bornhöved, dann rechts ab Richtung Plön, den anderen über die B 432, dann links ab den Schildern nach Plön folgend. Bei Schwiddeldei treffen sich die beiden Wege.

Hier kann man einen kleinen Ausflug nach Gut Nehmten machen, es liegt auf der Südseite des Plöner Sees, mit seinen wunderschönen Alleen und Wanderwegen und ist ausgeschildert. Hier lebte einst der liebenswürdige, aber im Alter etwas skurril-geizig gewordene Graf Plessen, heute ist der Hof in Landesbesitz. Noch etwas weiter liegt Bosau am Plöner See, auch ein hübscher Ort, Ausgangspunkt für eine Wanderung entlang des Plöner Sees.

Wer von der Schwiddeldei weiter in Richtung Plön fährt, erreicht in Kürze Ascheberg. Kurz vor der Ortseinfahrt zeigt rechts ein Schild

Erdbeeren in jeder Form, fest und flüssig, bietet das Ehepaar von Kap-herr an.

Glocke mit Familieninitialen.

Unten: Bauer Brommert kommt mit dem Kutschgespann nach Gut Horst und dreht gern eine Runde durch Feld, Wald und Wiesen.

zur Fischerei & Räucherei Lasner. (24326 Ascheberg, Tel. 0172-4017740, Fax 04526-309830). Hier hat der Fischer des streng naturgeschützten Ascheberger Teils des Plöners Sees seine Kähne und Netze und Räucheröfen aufgestellt (mit Verkauf.) Auf dem Hof liegen noch ein paar geteerte alte Holzkähne und viele Fischerutensilien am Steg und rund um die Holzbuden. Echt romantisch. Frischfischzeit ist von Mitte April bis Weihnachten, die besondere Spezialität sind Flusskrebse.

In der Ortsmitte geht es links ab auf die Landstraße, die zur B 404 führt. Nach etwa 5 Kilometern zeigt ein Schild nach links: Gut Horst. Wer der langen Allee folgt, fährt direkt auf den Gutshof zu.

Gut Horst ist von Anfang Mai, wenn die Rapsfelder blühen, bis Ende Juli, wenn die letzten Erdbeeren kommen, täglich von 11.00 bis 18.00 Uhr geöffnet. Ist es nass und kalt, sitzt man im ehemaligen Gewächshaus, ist es warm, lädt der schattige Park unter altem Baumbestand rund um das Gutshaus ein. Im Mai empfiehlt die Hausherrin Rapstorte zum Kaffee. Das ist eine Spezialität, deren Rezept von der Insel Fehmarn stammt. Frau von Kap-herr beschreibt das so:

»Die Rapstorte soll mit ihrer Farbe an den Raps erinnern. Das Gelb der Rapsblüte erreicht man mit Eierlikör (ca. 3 Esslöffel Eierlikör pro Torte). Unsere Rapstorte, die von der Originaltorte etwas abweicht, ist ein Bisquitboden mit Tortenring. In den Tortenring füllen wir ca. 1.200 g Quark-Sahne-Masse, der Gelatine nach Gebrauchsanweisung zugefügt ist, abgeschmeckt mit Zitrone und Zucker. Wenn die Torte im Kühlschrank fest geworden ist, nimmt man den Tortenring ab und garniert die Torte mit Eierlikör und Pistazien.«

Nach dem Genuss sollte sich der Gast dringend die Beine vertreten. Die Landschaft um Horst mit ihren sanft gewellten Feldern und Wäldern, darin Seen eingebettet, eignet sich besonders gut zum Radfahren auf Wegen und kaum befahrenen Straßen. Tipps gibt die Familie von Kap-herr gerne. (Gut Horst 7, 24601 Stolpe, Tel. 04526-380007, Fax -380017).

In der Nähe wohnt der Bauer Brommert, der Kutschfahrten organisiert (04342-4301), von und nach Gut Horst. Insbesondere für Kinder empfiehlt Frau von Kap-herr das 9 Kilometer entfernt liegende Steinzeitmuseum in Stolpe, zum Essen das Restaurant Lecker Hölken zwischen Nettelsee und Bordesholm (Tel. 04302-1294).

Wer sowieso schon in der Gegend ist, sollte einen kleinen Abstecher nach Plön machen. Vom Schlossberg aus, einst kaiserliche Kadettenanstalt und bis vor kurzem staatliches Internat, jetzt vom Fielmann-Brillenkonzern aufgekauft, hat man einen fantastischen Blick über den Plöner See. Das empfehlenswerte Restaurant »Niedersächsisches Bauernhaus«, an der Spitze der Prinzeninsel (die Halbinsel teilt den Plöner vom Ascheberger Teil des Sees) ist nur zu Fuß zu erreichen – im Sommer mit dem Ausflugsboot der Großen Seenrundfahrt (Tel. 04522-3670).

Gut Testorf

FÜR CHRISTIAN UND ROSELI VON ABERCRON IST TRADITION VERPFLICHTUNG

Nicht weit von Oldenburg/Holstein liegt eine der eindrucksvollsten, noch ganz intakten Gutsanlagen des Landes. Seit 1879 wird dieser Betrieb der Familie von Abercron nahezu ausschließlich von der Landwirtschaft getragen. Die reetgedeckten Wirtschaftsgebäude, Torhaus, Herrenhaus und Park bilden ein einzigartiges Ensemble. Der Eigentümer fühlt sich noch ganz in die Tradition der Familie und in seine Verantwortung als Grundbesitzer eingebunden.

Das Agrarland Holstein ist vielerorts geprägt von öde betonierten Einkaufszentren, Autohöfen und Erlebnisparks. Und doch findet man abseits der Straßen noch echte Idyllen, in denen, wenigstens auf den ersten Blick, die Zeit stehen geblieben zu sein scheint. Hier schlägt Holsteins eigentliches Herz. Der vielleicht eindrucksvollste Beweis ist das an exponierter Stelle, zwischen den Hügeln des nahen Bungsberges gelegene Gut Testorf, ein aus sechs großen Bauten bestehendes Backsteinensemble inmitten eines großen Parks. Dabei ist das 1767 bis 1774 von dem Eutiner Baumeister Georg Greggenhofer erbaute Testorf durchaus kein Freiluftmuseum, sondern der Mittelpunkt eines 900 Hektar großen Landwirtschaftsbetriebes – 430 Hektar Ackerland, 470 Hektar Forst –, der mit modernstem Gerät arbeitet. Seit 1879 befindet sich Testorf im Besitz der Familie von Abercron. Heute wird das Gut von Christian Friedrich von Abercron, 55, und seiner aus Hamburg-Blankenese stammenden Frau Roseli, geb. von Brandis, nach den modernsten Erkenntnissen der Agrartechnik geführt, wobei im Herrenhaus traditionell die schönen Künste gefördert werden.

Der Name Abercron leitet sich von der alten schottischen Adelsfamilie Abercrombie her, die Generationen fähiger Offiziere hervorbrachte. Ein Sir Ralph Abercrombie fiel 1801 als britischer Heerführer in der Schlacht von Alexandria gegen Napoleon. Die Abercrons führen Ihren Stammbaum auf die katholische Linie der Abercrombies of Birkenberg zurück, deren Ahnherr, der Ur-Ur-Urgroßvater William von Abercron, Schottland 1663, erst 16 Jahre alt, aus Glaubensgründen verließ und nach Polen auswanderte. Er fiel 1690 im Kampf gegen die Türken. Einer seiner Nachfahren, Christian Friedrich von Abercron, war Offizier in dänischen Diensten und kam nach Holstein. Er heiratete 1861 in die vermögende Hamburger Bankiersfamilie des Freiherrn von Schröder ein, was es ihm ermöglichte, drei Güter in Ostholstein zu erwerben. 1879 übernahm er Testorf für einen Preis von zwei Millionen Goldmark. Es ist dies einer der gar nicht seltenen Fälle, in denen tüchtige holsteinische und preußische Offiziere sich mit vermögenden Hamburger Patrizierfamilien verbanden, um dann in der Landwirtschaft zu reüssieren.

Vorherige Seite: Salon im Parterre des Herrenhauses. Auf dem prächtigen Steinway-Flügel lernte einst der Pianist Justus Frantz die ersten Partituren.

So ist Christian von Abercron natürlich Landwirt geworden, ein sehr erfolgreicher übrigens. Der Hof lebt ausschließlich vom Ertrag der Böden. Er erklärt: »Wir haben in Testorf schwierige, kalte, sehr steinhaltige Lehmböden, aber die Ertragslage für Raps, Weizen und Gerste ist durchaus akzeptabel. Wir bewirtschaften Acker und Forst nur noch mit drei AK.« Mit drei AK (Arbeitskräften) und vielen PS sollte man anfügen. Wie ein Ding aus einer anderen

Welt steht mitten im Hof ein moderner Challenger-Raupenschlepper mit 350 PS für die Feldarbeit. »Der«, so Abercron, »zieht alles weg. Nur ein Panzer ist stärker.« Es gab Zeiten, da standen auf Testorf 120 Menschen in Lohn und Brot. Aber da gab es noch keinen Challenger.

Testorf ist ein Schmuckstück, von außen wie von innen. Es gibt in Holstein kaum eine vergleichbare Gutsanlage. Sie besteht aus sechs symetrisch angelegten Gebäuden. Der Eintritt in diese Welt führt über eine – derzeit defekte – Brücke, durch ein Torhaus mit Glockenturm, auf einen großen Hof. Rechts und links ziehen sich gewaltige, reetgedeckte Scheunen hin, an die sich, etwas zurückversetzt, zu beiden Seiten die Kavaliershäuser anschließen. Im Mittelpunkt liegt, hinter Rasenflächen mit Springbrunnen und Kiesvorfahrt, das Herrenhaus, ein zweigeschossiger Backsteinbau mit Mansardendach und Sandsteinportal.

Herrenhaus mit Sandsteinportal und Turmflügel.

Hinter dem Herrenhaus erstreckt sich ein weiter Park mit Gruppen mächtiger, 250 Jahre alter Eichen und Buchen. Vom Wintergarten kann man durch eine Sichtachse genau auf die Patronatskirche Hansühn blicken, deren Spitze aus den Feldern hervorragt. Drei Viertel der Anlage sind von breiten Fischteichen umrahmt. Bevor der Kormoran kam, gab es hier sogar mal eine reiche Karpfenernte.

Christian und Roseli von Abercron bewohnen ein Haus, in dem sich ihr eigener Stil wiederfindet. Es ist ein Haus voller Tradition, von Selbstbewußtsein getragen, aber ungekünstelt und wie aus einem Guß. Schöne alte Möbel, Jagdtrophäen der Vorfahren – der Hausherr selbst ist zwar Jäger, aber kein fanatischer –, eine veritable Ahnengalerie, viele Bücher. Rauchtee für den Gast gibt es aus einem silbernen Teeservice mit Familienwappen, dazu wird Oblatengebäck mit Kümmel gereicht, der Kuchen ist exzellent – und von Dr. Oetker.

Oben: Testorf steckt voller Antiquitäten, die Einrichtung entspricht dem konservativen Stil des Hauses.

Uhr mit Figuren auf einer Kommode im Salon.

Auf dem Intarsienparkett, das im gesamten Parterre ohne eine einzige Schwelle verlegt ist, steht ein ebenholzschwarzer Steinway-Flügel. Er erinnert an den Pianisten und Dirigenten Justus Frantz, der als Flüchtlingskind in Testorf eine neue Heimat fand und hier seinen ersten Unterricht erhielt. Heute spielt hier Roseli von Abercron; manchmal. Die gelernte Romanistin und Pädagogin, die deutsche und französische Literatur studiert hat, Goethe, Max Frisch, Balzac und Victor Hugo liebt, unterrichtet in der Dorf- und Volkshochschule. Ihre besondere Fürsorge gilt behinderten Kindern. Die gebürtige Blankeneserin sagt: »Mit meinen dunklen Haaren sehe ich zwar nicht so aus, aber ich bin ein ganz norddeutscher Typ. Ich liebe Wasser, das Tuten der Schiffe auf der Elbe. Auch hier gibt es diesen bestimmten Geruch von Wasser in der Luft, der von der Ostsee herkommt.«

Christian von Abercron hat sich dem Familienbesitz Testorf mit Haut und Haaren verschrieben. Er sagt: »Ich lege großen Wert darauf, dass die jahrhundertealten Häuser in halbwegs vernünftigem Zustand an die nächste Generation übergeben werden. Wir haben 100 Fenster hier im Haus, aber Sie werden nicht eines finden, das zerbrochen ist. Um die Anlage pflegen zu können, verzichten wir auf große Reisen. Im Winter müssen wir uns sehr einschränken. Wir

können ja nicht das ganze Haus auf 20 Grad Celsius heizen, obwohl das Haus bereits 1904 eine moderne Zentralheizung erhielt.« Das Ehepaar von Abercron, das sich bei einem Balten-Ball kennen lernte, hat zwar keine Kinder, aber eine große Dorffamilie. Rund 80 Menschen leben hier in vermieteten Wohnungen und Häusern, alle handverlesen. Frau von Abercron: »Unsere Mieter müssen in die Anlage passen. Darauf achten wir. So haben wir ein wirklich harmonisches Dorfleben geschaffen.«

Der Hausherr hat nicht immer auf Testorf gelebt. Die Schulzeit verbrachte er in einem Internat in St. Peter Ording an der Westküste, das Landwirtschaftsstudium erfolgte in Soest, er arbeitete auf einer Farm im südafrikanischen Oudtshoorn und machte bei der Dresdner Bank zusätzlich ein Praktikum. Seine private Leidenschaft gilt der Dampfeisenbahn. Erst kürzlich fuhr das Ehepaar mit einem Dampfzug 700 Kilometer durch Polen, bis hinauf nach Masuren. Eine Fülle von sorgfältig in Alben eingeklebten Fotos hält die Erinnerung an die selbst erlebte Dampfherrlichkeit wach.

Aus der Sicht des Städters leben Christian und Roseli von Abercron in einem Paradies. Sie selbst mögen es ähnlich empfinden. Aber es ist nicht das falsche Paradies eines untätigen süßen Lebens nach alter Junkerherrlichkeit,

Christian von Abercron ist von Herzen Landwirt. Seine Frau Roseli ist Pädagogin und in diesem Beruf auch ehrenamtlich aktiv. Dazu weiß sie Klavier zu spielen. In Testorf ist also alles intakt.

Links: So nobel standen die Pferde einst auf Testorf: Der Pferdestall mit gemauertem Backsteinboden, Marmorwänden, gedrechselten Säulen und kunstvoll geschmiedeten eisernen Traufen steht heute leer, doch wird das Gebäude gelegentlich für Veranstaltungen genutzt.

Die Vorfahren der Familie von Abercron ruhen nicht auf dem Friedhof im Dorf, sondern in einem eigenen Mausoleum auf dem Hof; vornehm also auch im Tod.

wenn es das je gegeben haben sollte. Es ist das wahre Paradies eines tätigen, verantwortungsbewussten, hart arbeitenden Lebens, das irgendwo in der Mitte zwischen Mangel und Überfluss eingebettet ist. Ein Leben, in dem Familienname und Tradition nicht zu Dünkel verführen, sondern als Verpflichtung angesehen werden.

Solange es Güter wie Testorf gibt und Gutsherren wie Christian von Abercron, so lange schlägt auch Holsteins Herz noch.

Testorf, dass es so etwas noch gibt ...

Testorf gehört zu den immer seltener werdenden Gutshöfen in Holstein, die noch hauptsächlich von der Landwirtschaft leben und – bis auf die Vermietung einiger Wohnungen und Häuser auf dem Hof – noch nicht »öffentlich« sind. Trotzdem kann man sich den Hof gern einmal näher ansehen, denn zu sehen gibt es insbesondere im Sommer, wie ein landwirtschaftlicher Betrieb heute arbeitet. Der Park unmittelbar um das Herrenhaus sollte aber als Privatsphäre der Familie respektiert werden. Christian von Abercron hat sich bereit erklärt, ernsthaft interessierten kleineren Gruppen persönlich eine Führung durch Haus und Park anzubieten und etwas aus der interessanten Familiengeschichte zu erzählen. (Tel./Fax 04382-302, E-Mail: rvatestorf@yahoo.de) Sehen wir

Räucherkate in Harmsdorf

das als ein Angebot, nicht als Verpflichtung des Hausherren.

Wie kommt man hin? Von Hamburg über die A 1 an Lübeck vorbei bis zur Ausfahrt Lensahn, links durch den Ort, über Harmsdorf nach Testorf, das links am Weg liegt. Am besten lässt man den Wagen hier stehen und geht zu Fuß weiter.

Vom Wohnzimmer im Herrenhaus Testorf kann man die Spitze der Abercron'schen Patronatskirche Hansühn sehen. Sie liegt in Hansühn, im nächsten Dorf, und zwar in 90 Meter Höhe. Damit ist sie die höchstgelegene Kirche in Schleswig-Holstein. Dieses Gotteshaus ist einen Besuch wert, nicht nur wegen des weiten Blicks über die Felder bis zur 9 Kilometer entfernten Ostsee, der sich dem Besucher bietet. Der Kirchturm diente den Schiffen auf der Ostsee viele Jahre als Navigationshilfe, was im Ersten Weltkrieg fast dazu führte, dass der Turm abgerissen wurde, um dem Feind auf See keinen Anhaltspunkt zu geben.

In Hansühn hat schon vor 800 Jahren eine Kirche gestanden. 1897 ließ Christian von Abercrons Mutter Olga (geb. Freiin von Schröder) die Kirche in Backstein und Feldsteinen an alter Stelle neu erbauen, nach einem Plan des Architekten Joh. Grothoff.

Patronatskirche Hansühn

Olga von Abercron hat sich in den farbigen Kirchenfenstern verewigen lassen. Einige der Kirchenfenster finden sich, in verkleinerter Form, im Herrenhaus Testorf wieder. Der Kir-

chenboden ist aus Terrazzo, oben wölbt sich eine hölzerne Deckenkonstruktion.

Dass das Landleben rund um Hansühn nicht immer eitel Sonnenschein gewesen sein mag, signalisiert das über dem Altarraum gemalte Bibelzitat: »Kommet her zu mir, alle die ihr mühselig und beladen seid, ich will euch erquicken.« Pastor Riess weiß mehr (Tel. 04382-258), einen Obulus für Kirche und Gemeinde sollte der Besucher gerne zurücklassen.

Zur Erquickung fügt es sich gut, dass die Abercrons seit 1879 den gegenüberliegenden »Krug zur alten Mühle« besitzen. Er ist heute an die Familie Te verpachtet und bietet »Handfestes«. Wenn auf Testorf gefeiert wird, liefert der Krug das Essen. Für den Einkauf bietet sich der Dorfladen von Frau Soltau in Hansühn an. In der anderen Richtung liegt Harmsdorf, dort liegt, direkt an der Straße »Braasch's Räucherei«, ein weithin bekanntes Unternehmen für leckere Schweinereien aus dem Rauch. Rund um Testorf ist Ostholsteiner Kernland. Wer das Holsteiner Land liebt, wird es hier besonders lieben.

Bei »Braasch« in Harmsdorf gibt's leckere Würste, Schinken und mehr.

Eingang zum Krug neben der Kirche.

Stockseehof

DR. GEORG F. UND ITY BAUR BIETEN MEHR ALS EIN OBSTPARADIES

Als Bankier hat der Herr auf Stockseehof zu rechnen gelernt – und für das Überleben seines Betriebes einen eigenen Weg gefunden. Der Gutshof, zwischen Bornhöved und dem Plöner See gelegen, ist ein einzigartiges Obstanbaugebiet. Kirschen und Himbeeren darf der Gast selber pflücken. Doch Aktivitäten bietet das Stockseehof zu jeder Jahreszeit, zu Pfingsten »Park & Garden«, die Ausstellung für ländliche Lebensart.

Vorhergehende Seite: Schlichte Eingangshalle in einem stilvollen Haus. Die Villa könnte auch an der Hamburger Elbchaussee stehen, dann wäre die Truhe wohl eine Seekiste.

Seit Mitte des 18. Jahrhunderts leben Baurs in Norddeutschland. 1926 übernahmen sie das Gut Stockseehof. Es gibt genug Ahnen, um alle Wände des Hauses mit ihren Porträts zu schmücken. Diese Sitzgruppe findet sich im Parterre.

Holstein ist ein Grenzland und über Jahrhunderte umstritten gewesen. Die flache weite Ebene um Bornhöved, ganz in der Nähe der Stelle, wo heute das Gut Stockseehof liegt, war zweimal Schauplatz verheerender Schlachten. 798 schlug Eburis, Feldherr Karls des Großen, hier die Sachsen. 4000 Tote blieben auf der Walstatt. 1227 fügte Graf Adolf IV. von Holstein dem Dänenkönig Waldemar II. eine vernichtende Niederlage zu. Die Heerscharen, die heute durch Stockseehof ziehen, sind eher friedlicher Natur: Sie pflücken Kirschen und Himbeeren und schlagen sich allenfalls um Sahnetorten. Gut Stockseehof, von 36.000 im Frühjahr blühenden, im Sommer schwer tragenden Kirschbäumen umrahmt, bietet darüber hinaus fast das ganze Jahr hindurch größere und kleinere Veranstaltungen: Weihnachtsmärkte, Tannenbaumschlagen, Musikkonzerte, Bauernmärkte und alljährlich im

Frühsommer eine »Park & Garden« genannte Country Fair.

Nun gibt es viele Güter in Holstein, deren Eigentümer versuchen, den oft kargen Erlös der Felder und Wiesen etwas aufzubessern, indem sie den Stadtbewohner mit ländlichen Genüssen für Magen und Auge locken. Nur wenigen Gutsbesitzern gelingt das allerdings so professionell wie Dr. Georg Friedrich Baur, 50, und seiner Frau Ity, einer geborenen Baronesse von Buchholtz, sowie Betriebsleiter Klaus

Albersmeier. Der während der Woche in Hamburg-Nienstedten lebende Bankier und Unternehmer sieht in dieser Ausrichtung des landwirtschaftlichen Betriebes eine legitime Einnahme: »Wir stehen zur Landwirtschaft. Wir könnten den Hof aber nicht betreiben, wenn er an die Substanz des Familienvermögens gehen würde. Um einen Hof wie diesen zu halten, gibt es nur zwei Möglichkeiten. Entweder wir gehen in die Breite, das heißt, wir bearbeiten eine möglichst große Fläche mit modernsten Maschinen. Aber vergrößern können wir uns nicht, die Landpreise hier sind hoch. Oder wir gehen in die Tiefe. Das heißt, wir bringen spezielle Produkte direkt an den Endverbraucher. Die Idee dazu hatte schon mein Vater.«

Wer so redet, der hat unternehmerisches Denken gelernt. Tatsächlich war Dr. Baur 12 Jahre Banker, zuletzt in London, wo er als Mitglied der Geschäftsführung der J. P. Morgan Bank seine berufliche Erfüllung fand. Als es Zeit war, Stocksee zu übernehmen , war er gezwungen, sich in Ham-

Der hanseatische Banker Dr. Georg F. Baur ist vom Landwirt kaum zu unterscheiden. Mit seiner Frau Ity, einer geborenen Baronesse von Buchholtz, und der Haushälterin Frau Bertram, hier im Garten des 1960 gebauten Gutshauses.

Das Ehepaar Baur mit ihrer Tochter Marie im Wohnzimmer, in der Lieblingsecke des Hausherren.

burg eine Position zu suchen. »Der Abschied von der Bank ist mir sehr schwer gefallen«, gibt er zu. Von seinem Büro in der Hamburger City aus koordiniert er Aufsichtrats- und Beraterfunktionen für Unternehmen wie den erfolgreichen Börsenneuling, die Großbäckerei Kamps, die Nordsee-Gruppe und den APAX-Fonds.

Stockseehof umfasst heute knapp 400 Hektar Land, davon stehen 200 Hektar unter dem Pflug, hinzu kommen 38 Hektar Kirschplantagen, 7 Hektar Himbeeren, 10 Hektar Weihnachtsbäume – und 20 Hektar Parkplätze. Der Hof ist perfekt durchrationalisiert. Zur Kirschernte kommen bis zu 4000 Besucher am Tag. Sie werden im Kirschen-Express hinter dem Trecker auf die Plantage gefahren und wieder abgeholt. Drei große Entkernmaschinen bearbeiten die Früchte, Kirschsaft, -fleisch und -steine dürfen die Sammler gegen einen Obulus mit nach Hause nehmen. Im Gutspark werden selbst gebackene Torten zum Verzehr unter alten Bäumen angeboten. Wegen der frischen Qualität lohnt es sich auch mal eine Weile anzustehen.

Die tüchtige Altonaer Patrizierfamilie Baur hat Glück und Erfolg seit Generationen gepachtet. Stets trugen die männlichen Vorfahren den Namen Georg Friedrich. Die Familie stammt ursprünglich aus Ulm und Stuttgart, sie waren Goldschmiede. 1768 zog der erste Georg Friedrich nach Altona, wo die Baur's als Reeder, Kaufleute und Bankiers zu erheblichem Vermögen kamen. Das Baur'sche Palais an der Palmaille 49 (heute Reederei John T. Essberger), das Elbschlösschen an der Elbchaussee 372 und der Baur's Park in Blankenese erinnern bis heute an diese bedeutende Familie.

Die Geschichte von Stockseehof reicht noch weiter zurück, nämlich bis in das Jahr 1347. Lange lebten hier die Herzöge von Holstein-Plön, erst 1926 erwarb die Familie Baur den Hof, ließ ihn nach Plänen des Architekten Erich Elingius durch Verwalterhaus und Scheune ausbauen und kaufte Boden dazu. Ein Herrenhaus gab es damals nicht mehr. Der Vater schließlich beauftragte 1960 den Architekten Peter Eberwein mit dem Bau eines neuen Herrenhauses. Dabei war es der Wunsch des Bauherrn, etwas zu schaffen, was an die Häuser der Familie Baur in Hamburg erinnert, die allesamt von dem dänischen Baumeister Christian F. Hansen geschaffen wurden. Entstanden ist eine zweistöckige Villa, wie man sie heute eher an der Elbchaussee als auf dem Land findet. Von schlichter bürgerlicher Eleganz ist auch das Interieur. Die Eingangshalle wird von einer weit geschwungenen Treppe dominiert, von den Wänden blicken selbstbewusste Vorfahren aus 250 Jahren auf den Besucher herab.

Georg F. und Ity Baur haben zwei Kinder. Der Sohn heißt natürlich Friedrich, ist 22 Jahre alt und studiert Wirt-

Esszimmer mit Ahnen: Die Baurs stammen ursprünglich aus Württemberg. In Altona bei Hamburg gehörten sie bald zu den angesehensten Patrizierfamilien, deren Häuser und Parks das Gebiet rund um die Elbchaussee geprägt haben.

Wenn zur Zeit der Kirschernte oder zum Weihnachtsmarkt Tausende von Besuchern auf den Stockseehof kommen, findet die Familie im abseits liegenden Gutshaus ihre Ruhe.

schaftswissenschaften. Marie ist 20, hat die Schule beendet und lernt »etwas Kreatives im Bereich Kunst und Medien«. Im Sommer hilft sie auf dem Hof aus. Fünf feste Mitarbeiter gibt es dort noch, in der Saison werden Aushilfskräfte eingestellt. Auch Hamburger Freunde der Baurs schaufeln am Wochenende Kuchen auf die Teller der hungrigen Besucher. Der Hausherr, der Zinnsoldaten aus friederizianischer Zeit sammelt und den man selten ohne eine kubanische Partagas Shorts im Mund sieht (»meine Tageszigarre«), ist von der souveränen Statur eines internationalen Bankers, ohne dabei die heimatliche Bodenhaftung und das Gefühl für die Verpflichtung gegenüber der Familie verloren zu haben. Über seine Frau sagt er: »Den Hof machen wir gemeinsam. Ohne ihre Hilfe ginge das gar

nicht.« Das sagt er nicht, weil man das als höflicher Ehemann sagen muss. Die Parkplätze stehen im Sommer bis zum Horizont mit Autos voll, da muss sich die Hausherrin ganz den Besuchern widmen.

Ein viel beschäftigter Mann wie Dr. Georg Friedrich Baur, mehr Herr als Gutsherr, hat immer Pläne. Aber wenn ihm etwas besonders am Herzen liegt, dann ist es seine »Park & Garden« genannte Country Fair zu Pfingsten, eine Verkaufsausstellung in Sachen ländliche Lebensart. Vorträge über Gartenkultur und Vorführungen von der Porzellanmalerei bis zur Blumendekoration gehören dazu, keiner muss dumm nach Hause gehen. »Wir hatten letzthin mit dem Wetter Pech, trotzdem waren im Jahr 2000 schon 13.000 Leute auf dem Hof. Ich glaube, wir sind auf dem richtigen Weg«, sagt er.

Dr. Georg F. Baur hat den Obstanbau im Griff. Fast in jedem Jahr tragen seine Kirschbäume schwer an ihren Früchten. 40 Hektar Obst, hauptsächlich Sauerkirschen und Himbeeren, warten auf die Ernte durch den Endverbraucher, sprich den Gast.

Stockseehof zeigt vielleicht am deutlichsten, wie grundlegend der Wandel auf den Gütern Holsteins zu spüren ist. Glichen viele Gutshöfe noch in den sechziger Jahren auf rein landwirtschaftliche Nutzung ausgerichteten Trutzburgen, die sich vor der Öffentlichkeit verschlossen hielten, so ist am Beispiel von Stockseehof zu erkennen, dass sich ein Gutsbesitzer keinen Zacken aus der Krone bricht, wenn ihn viele Leute besuchen und dafür auch zahlen.

Man muss kein erfolgreicher Banker sein, um zu verstehen, dass ein »positiver Deckungsbeitrag« nicht unbedingt mit der Zucht von Rindvieh zu tun hat, sondern die Voraussetzung für das finanzielle Überleben eines Hofes ist.

Stockseehof

Wenn im Frühling die 38.000 Kirschbäume von Stockseehof in voller Blüte stehen, dann scheint es manchmal, als sei über dem Land der Schnee gefallen. Aber auch sonst lohnt sich ein Besuch. Das ganze Jahr über.
Dr. Baurs Hof liegt auf halbem Weg zwischen Bornhöved und Plön, an der B 430. Hinter der Ortschaft Schmalensee biegt man, dem Schild folgend, nach Stocksee ab und kann es gar nicht verfehlen, denn eine andere Siedlung gibt es hier nicht. 20 Hektar Parkplätze stehen zur Verfügung – kein Wunder, zur Kirschblüte kommen täglich bis zu 4.000 Gäste auf den perfekt durchorganisierten Hof. Dazu nur einige Highlights: An den Adventswochenenden bietet Stockseehof den schönsten und am besten organisierten privaten Weihnachtsmarkt in Holstein, wozu sich die riesigen, schön dekorierten Wirtschaftsgebäude gut eignen. Gleich ob man Tannenbäume schlagen will, Geschenke kaufen, zünftig essen, Gutes vom Lande einkaufen oder nur ein bisschen Weihnachtsstimmung schnuppern will. Stockseehof wird auch von Einheimischen aus den Nachbarorten gern besucht, was eigentlich ein gutes Zeichen ist.
Im Mai folgt die Kirschblüte. Über die Pfingsttage lädt Stockseehof, gegen 15 Mark Eintritt, zur »Park & Garden« Country Fair, wo es Schönes und Erlesenes für Haus, Hof und Garten gibt, mit einem interessanten Rahmenprogramm für die Unterhaltung und die Weiterbildung. Mitte Juli beginnt die Himbeerernte, gelegentlich stehen auch Musikveranstaltungen auf dem Programm.

Anfang August beginnt die Kirschernte. Die Gäste bezahlen einen Obolus und werden direkt auf die Plantage gebracht. Im Gutspark gibt es Kaffee und selbst gebackenen Kuchen, ein Bauernmarkt bietet seine Produkte an.

Stockseer Sauerkirschen, ein ganzer Korb voll.

Einladung zur »Park & Garden« zu Pfingsten.

Tausende von Besuchern kommen an manchen Tagen auf Gut Stocksee-hof. Das läuft sich alles zurecht.

Natürlich steht im Sommer die »Stockseer Kirsch-Sahne-Torte« an erster Stelle der Beliebtheit.

Stockseehof hat eine ganze Latte von Rezepten zum ländlich-gemütlichen Dickwerden, aber auch zum Einmachen und Einfrieren. Die gibt es auf dem Hof gratis. Wer keine Lust zum Entsteinen der selbst gesammelten Kirschen verspürt: Dafür gibt's heute Maschinen auf dem Hof. Oben fallen die Kirschen rein, unten kommen Kirschfleisch, Saft und Kerne heraus, hübsch sauber in einem Plastiksäckchen verbeutelt.

Was Stockseehof je nach Saison im Angebot hat, erfahren sie hier: 24326 Stocksee, Erntetelefon 04526-1780/1790, Fax 04526-1780.

Besucher und Aussteller für die »Park-&-Garden«-Ausstellung: Tel. 04526-309716, Fax –309715, E-Mail: gvs@stockseehof.de, www.park-garden.de

Wem das alles zu viel Trubel ist, der kann rund um Stocksee wunderbar spazieren gehen, Wildgänse sehen und vielleicht sogar den Seeadler. Im nahen Dorf Sande befindet sich eine der längsten und schönsten Eichenalleen Holsteins, im Ort Stocksee gibt es Fisch (bes. Rotauge und Maräne) zu kaufen.

Stockseer Kirsch-Sahne-Torte

Zutaten für den Biskuitteig: *5 Eier, 100 g Zucker, 125 g Speisestärke, 1 P. Backpulver;*
Für die Füllung: *1kg Kirschen (entsteint), 250 g Zucker, 60 g Vanille-Puddingpulver, 1 l Sahne.*
So wird's gemacht: *Aus den Teigzutaten einen Biskuitteig zubereiten und in eine mit Backpapier ausgelegte Springform (30 cm Durchmesser) füllen. Backtemper. Umluft 180 Grad C, Ober-/Unterhitze 200 °C, Gas Stufe 3 – Backzeit ca. 30 Minuten.*

Für die Füllung die Kirschen (16 Kirschen zum Garnieren zurücklassen) mit dem Saft und etwa 200 g Zucker (nach Geschmack süßen) aufkochen und das in etwas kaltem Saft angerührte Vanille-Puddingpulver einrühren, noch einmal kurz aufkochen lassen. Die angedickten Kirschen kalt werden lassen. In der Zwischenzeit die Sahne mit dem restlichen Zucker steif schlagen.

Den Biskuitkuchen zweimal durchschneiden und den unteren Boden auf eine Tortenplatte legen. Den Boden mit etwa einem Drittel der Sahne bestreichen und etwa die Hälfte der agedickten Kirschen darauf verteilen. Den zweiten Boden auflegen mit der gleichen Prozedur. Den dritten Boden auflegen. Dann den Rand und den obersten Boden mit Sahne bestreichen. Die restliche Sahne in einen Spritzbeutel füllen, pro Tortenstück einen Sahnetuffen aufspritzen und mit jeweils einer Kirsche garnieren.

Schloss Altenhof

CHRISTOPH UND SOPHIE VON BETHMANN HOLLWEG FÜHLEN SICH IN DER PFLICHT

Eine der bedeutendsten Gutsanlagen Holsteins liegt nahe der Eckernförder Bucht. Sie wird von einer Familie geführt, in der sich die Geschichte Holsteins und Deutschlands kreuzen. Die Familie von Bethmann Hollweg versucht das Ererbte zu bewahren – und geht dafür auch neue Wege. Mit Sport, Kunst und Kommerz sichern sie das wirtschaftliche Überleben des großen Hauses, ohne ihren Stil dabei zu verlieren.

Wer einmal über den großen Platz des prächtigen Herrenhauses von Altenhof geschritten ist und dabei vielleicht den Hausherren Christoph von Bethmann-Hollweg oder seine tatkräftige Frau Sophie, geb. von Maltzan, getroffen hat, wird sich des Eindrucks nicht erwehren können, von Holsteins Geschichte nicht nur einen Zipfel, sondern ein Kernstück erwischt zu haben. Dieser Eindruck verstärkt sich bei einem Gang durch den privaten Bereich des Hauses mit seinen vielen großen Räumen, den gewaltigen Gobelins an den Wänden, der bis in das frühe 17. Jahrhundert zurückreichenden Ahnengalerie, beim Blick in den rückwärtigen Park mit den akurat geschnittenen Buchsbaumhecken und Rasenflächen, aber mehr noch im Gespräch mit den Bethmann-Hollwegs selber.

Altenhof ist ein Schnittpunkt nicht nur der Geschichte Holsteins, sondern zugleich Dänemarks und des Deutschen Reiches. Die Anlage entstand unter Kai Friedrich Reventlau (1681–1762) und seiner Frau Hedwig Ide, geb. Buchwaldt. Die Reventlows, wie sie heute heißen, und die Buchwaldt ebenso, gehören zu den bedeutenden Familien des Landes. Sie stellten der dänischen Krone Minister, Botschafter und hohe Offiziere. Dies ist die mütterliche Linie des heutigen Hausherrn. Die Bethmann Hollwegs hingegen sind eine aus Frankfurt am Main stammende Familie von Bankiers und Juristen. Den Ururgroßvater holte sich der preußische König als Berater nach Berlin. Der Urgroßvater, ein begeisterter Landwirt, handelte mit Immobilien – hauptsächlich Gütern – und erwarb für sich selbst das Gut Hohenfinow in Brandenburg. Er war mit einer Französin verheiratet, die dem einfachen ländlichen einen zweiten weltoffeneren Kulturkreis hinzufügte. Offenbar ein geistig fruchtbares Erbe, denn der Großvater Theobald von Bethmann Hollweg war von 1909 bis 1917 deutscher Reichskanzler. Der Vater schließlich widmete sich dem landwirtschaftlichen Betrieb in Hohenfi-

Vorhergehende Seite: Im Spiegel zu sehen: die jahrhundertealten Gobelins, die die Wände des Herrenhauses Altenhof schmücken.
Links: 1728 war der prächtige Bau für Kai Friedrich Reventlau fertiggestellt worden, die mütterlichen Vorfahren des Hausherren.

Der Saal im Herrenhaus wird von der Familie kaum genutzt. Führungen für Besucher wurden ausgesetzt, weil das Mobiliar darunter litt. Der private Bereich liegt heute im 1. Stock.

now, wo Christoph von Bethmann Hollweg geboren wurde. Nach dem Einmarsch der Russen mußte Hohenfinow aufgegeben werden. Das Elternhaus existiert heute nicht mehr. Die Familie zog sich auf den Besitz der Mutter nach Altenhof zurück.

Altenhof liegt nahe Eckernförde und der Ostsee, inmitten alter Buchenwälder und den weiten Rasenflächen eines 18-Loch-Golfplatzes. Das Herrenhaus, in dem die Familie den Südteil bewohnt, wird durch zwei Anbauten ergänzt, wobei die Orangerie, eine Art Wintergarten, besonders eindrucksvoll ist. Zum Gutsensemble gehören zwei gewaltige Wirtschaftsgebäude, das Kuhhaus und die große Scheune mit jeweils über 2000 Quadratmetern Dachfläche sowie eine Anzahl von Wohngebäuden. Der zu Altenholz gehörige Landbesitz umfasst 980 Hektar. Nur knapp ein Drittel davon sind unter dem Pflug. Mit der Aufgabe, Altenhof für die nächste Generation zu erhalten, hat sich das Ehepaar von Bethmann Hollweg den veränderten wirtschaftlichen Verhältnissen anzupassen versucht. Frau von Bethmann Hollweg stammt aus einer alten mecklenburgischen Familie und hat »die sich stellenden Aufgaben in Altenhof zu den eigensten« gemacht.

Von einem Aufenthalt in den USA, wo er dreienhalb Jahre tätig war, brachte Christoph von Bethmann Hollweg bereits 1965 die Idee zum Bau eines Golfplatzes mit. 1971 konnte mit dem Bau begonnen werden, unterstützt durch Gemeinde und Behörden. Heute sind 720 Mitglieder stolz auf die Anlage.

Als in den achtziger Jahren das Vieh auf Altenhof abgeschafft wurde, verloren beide großen Hofgebäude ihre

Bedeutung für den landwirtschaftlichen Betrieb. Da das Schleswig-Holstein Musikfestival in der Mitte der 80er Jahre Spielstätten im ländlichen Raum suchte, der Kuhhausboden zudem eine gute Akkustik bot, wurde die Idee geboren, das Wirtschaftsgebäude für diesen Zweck umzubauen und damit zu erhalten. So entstand 1988 in nur sechs Monaten ein Konzertsaal, der 870 Gästen Platz bietet. Hinzu kommen Ausstellungen im ehemaligen Futterspeicher. Die große Scheune konnte ebenfalls renoviert werden, dort findet man regelmäßig einen Weihnachtsmarkt, Frühlingsmarkt und den kulinarische Teil des »Musikfestes auf dem Lande«. Das seit 1967 am zweiten Juniwochenende ausgerichtete Turnier von Altenhof steht fest im Programm der Reiterelite des Landes. Die Orangerie bietet sich für Familienfeste und politische Veranstaltungen an; hier traf sich auch schon das »Literarische

Christoph und Sophie von Bethmann Hollweg in ihren Privaträumen. Die Einrichtung entspricht weitgehend dem Original von 1728, ein paar Ahnen an der Wand sind inzwischen dazugekommen.

An Platz mangelt es nicht auf Altenhof: große Tafel in noch größerem Zimmer. Hier fühlen sich die Bethman Hollwegs zu Hause.

Rechts: Von den Seitenflügeln des Hauptgebäudes aus ist die dominierende Vorfahrt mit dem von Säulen getragenen Balkon gut zu erkennen. Hier residiert der Golfclub, auf der anderen Seite wartet die Orangerie mit ihrer Gastronomie, die man mieten kann.

Quartett« zur TV-Live-Übertragung. Die 1954 begonnenen Besichtigungstouren durch die historischen Räume des Herrensitzes mußten nach 350.000 Besuchern eingeschränkt werden, da Schäden an der Einrichtung entstanden waren.

Für Sophie von Bethmann Hollweg sind die Aktivitäten heute eine Vollbeschäftigung, auch wenn sie das vornehmer formuliert: »Ich habe am Tag mein Pensum, das muß ich erfüllen.« Ständig sind neue Ideen gefragt. »Ich versuche meine Aktivitäten mit dem Ablauf der Land- und Forstwirtschaft in Einklang zu bringen, um alljährliche Veranstaltungen möglichst auf den gleichen Terminen zu halten.« Im September 2000 wurde im Kuhhaus erstmals eine Antiquitätenmesse organisiert. Auch solche Veranstaltungen möchte die Hausfrau zu einem festen Programmpunkt in Altenhof werden lassen.

Die Erhaltung des Herrenhauses ist zweifellos die schwerste Hypothek, die auf Altenhof lastet. Zuletzt wurde die Westfront des Gebäudes für Restaurierungsarbeiten eingerüstet. Herr von Bethmann Hollweg erwähnt dankbar die stete Unterstützung des Denkmalamtes. Weniger glücklich ist er über die Eingriffe des Umweltministeriums, etwa wenn ihm vorgeschrieben wird, welche Bäume er pflanzen darf und welche nicht. Er fragt sich: »Warum soll ich nicht mal ein paar Exoten pflanzen, worüber sich die Leute in 100 Jahren freuen – so, wie sie sich heute an den 250-jährigen Allee- und Parkbäumen erfreuen?« Dabei darf man ihm durchaus ein Auge für die Gestaltung des Parks zutrauen. Das Trimmen der Buchsbäume etwa gehört zu seinen gern übernommenen Pflichten, ein künstlerisches Empfinden liegt ihm im Blut.

Holsteins gutsherrlich-feudale Vergangenheit lässt sich am Beispiel von Altenhof nicht nur optisch nachvollziehen. Wer hinter die prächtige Fassade blickt, wird dort immer noch Stil und Würde finden, die aber eingebettet sind in eine ganz und gar bürgerlich-tüchtige Arbeitswelt, in der man sich mit Kunden, Geschäftspartnern und Gästen arrangiert. Da spielt die Herkunft keine Rolle. Was aber bleibt, ist der Respekt vor der Kraft einer Familie, die seit gut einem halben Jahrtausend die Geschicke eines zerissenen Landes mit geprägt hat und die bis heute nicht ausruht von der Last der Verantwortung gegenüber Heimat und Familie.

Christoph von Bethmann Hollweg hat einmal ausgedrückt, was ihn am Golfspiel so fasziniert: »Es ist ein Spiel mit Regeln.« Genau das trifft wohl auch auf das Leben zu. Die bedeutenden Familien Hamburgs und Holsteins haben sich auch einem Spiel mit Regeln unterworfen; festen Regeln, die nirgendwo niedergeschrieben sind und deshalb nie verloren gehen können.

Schloss Altenhof, eine Pracht

Bisher hat der Wappenspruch der Familie Reventlow gehalten, was er bespricht. *Murus aheneus esto* ist ein Zitat von Cicero und heißt: »Die Mauer hier sei felsenfest«. Das Mauerwappen findet sich am Giebel des nördlichen Wirtschaftsgebäudes, bis zum Jahr 1905 war es im Mittelrisalit des Herrenhauses angebracht.

Altenhof ist nicht nur eines der eindrucksvollsten, es ist auch eines der bekanntesten Herrenhäuser des Landes. Das hat viel mit den Aktivitäten auf und an dem Hof zu tun. Der Golfplatz direkt am Herrenhaus, mit dem Clubheim in einem Seitenflügel des Gebäudes, gehört zu den ältesten in Schleswig-Holstein. Er verfügt über 18 Löcher in einer parkartigen Landschaft (24340 Altenhof, Tel. 04351/81809). Golfspieler können Appartements im Herrenhaus mieten. (Anmeldung und auch alle anderen Anfragen bezüglich der Veranstaltungen: (24340 Altenhof, Gut Altenhof, Tel. 04351-41334).

Landwirtschaft wird auf Altenhof heute sichtbar nicht mehr betrieben. Die Hofanlage mit dem riesigen, für Konzerte und Veranstaltungen (Ausstellungsräume im 1. Stock) umgewidmeten »Kuhhaus«, wird ebenso wie die meisten anderen Wirtschaftsgebäude, darunter die große Scheune, für Kunst und Kultur genutzt. Die Orangerie kann für private Feste und Tagungen angemietet werden. Altenhof gehörte zu den ersten Höfen, die für das Schleswig-Holstein Musikfestival zur Verfügung standen. Der riesige freie Platz vor dem Schloss bietet sich für die unterschiedlichsten Nutzungen an.

Bislang sieht das Jahresprogramm des von

Der Lack ist ab: ehemalige Gutstankstelle.

Das große Kuhhaus, Musik- und Veranstaltungszentrum.

Auf dem großen Platz vor dem Herrenhaus: Hier lässt sich was organisieren.

der Hausherrin geleiteten Unternehmens Altenhof folgende Programme vor:
Ein großer Frühlingsmarkt bildet ein Wochenende vor Ostern den Auftakt, jeweils 11.00 bis 18.00 Uhr geöffnet. Pfingsten wurde für das Jahr 2001 erstmals die »Seasons« genannte Country Fair veranstaltet, die erfolgreichste und größte Ausstellung auf dem Holsteiner Land, angesiedelt in allen Wirtschaftsgebäuden und in einer Zeltstadt vor dem Schloss. Es ist noch nicht sicher, ob »Seasons« hier bleibt oder zu einer Wanderveranstaltung wird (2000 war Schloss Emkendorf Gastgeber von »Seasons«).

Im Kuhhaus kann man jede Menge Musik hören.

Am zweiten Juniwochenende wird das Springreitturnier von Altenhof auf einem eigenen Reitplatz ausgetragen. Es gehört zu den bedeutenden regionalen Turnieren und wird von Reitern wie Publikum wegen seiner unvergleichlich schönen Atmosphäre geschätzt. Hier treffen Profis und ländliche Reiterei zusammen. (www.csj@altenhof.de)
Von Mitte Juli bis Ende August gibt es unterschiedliche Konzerte im Rahmen des Schleswig-Holstein Musikfestivals und am zweiten Wochenende im September einen großen Antikmarkt. Vom 2. bis 4. Advent bietet Altenhof einen Weihnachtsmarkt.

Altenhof liegt abseits des Sommertourismus, aber nur zwei Kilometer von der Ostsee entfernt an der Eckernförder Bucht, an der Straße von und nach Kiel, und ist gut ausgeschildert.
Eckernförde gehört als Seebad und Hafen nicht gerade zum gehobenen Tourismus, verfügt aber über einen gewissen Charme und einen sehr schönen Sandstrand. Ausflugsmöglichkeiten gibt es hier jede Menge, am ersten Wochenende der Kieler Woche (Mitte Juni) ist Eckernförde Ziel der größten deutschen Seeregatta (»Aalregatta«); im Hafen erwartet sie ein mächtiger Rummel und die ganze Nacht gehen die Tassen hoch. Dafür kann man sich die schönsten Rennyachten der Ostsee ansehen.
Wenn Sie noch das Bedürfnis haben etwas nach Hause mitzubringen: An der alten B 76 über Gettorf in Richtung Kiel gibt es in der Ortschaft Blickstedt eine Gutsräucherkate von 1835. Die dort geräucherten Schinken gehören laut Magazin »Der Feinschmecker« zu den 19 besten der Welt (Tel. 04346-7436).

Nachwort

Die Autoren danken den vierzehn Familien, die in diesem Buch vorgestellt werden, für die freundliche Aufnahme in ihren Häusern und für das Einverständnis, die vielen Fotos und Eindrücke zu einem Buch verarbeiten zu dürfen.

Wir danken der Redaktion der »Welt am Sonntag«, insbesondere Elmar Schnitzer, für die gute Zusammenarbeit und die großzügige Hilfe beim Zustandekommen dieses Projektes.

Der Dank schließt Anna Klein ein, die unseren Blick für manches Detail öffnete. Monica Paolazzi ist die Idee zu diesem Buch zu verdanken – weil sie sich nicht vorstellen konnte, dass es so weit im Norden so schöne Dinge zu sehen gibt.

Buchgestaltung: Peter Albers
Satz und Reproduktionen: KCS GmbH, Buchholz/Hamburg
Druck und Bindung: Westermann Druck Zwickau GmbH, Zwickau
ISBN 3-934613-15-2